CONTES

CONTES DE MA MERE L'OYE HISTOIRES OU CONTES DES TEMPS PASSES

CHARLES PERRAULT

AVERTISSEMENT

Ce recueil des Contes de Charles Perrault est le résultat de deux coups de cœurs. Tout d'abord la découverte d'un petit livre à la couverture rouge et or, doré sur tranche : Les Contes des Fées de Charles Perrault. Ses illustrations, dont certaines en couleur, nous ont beaucoup plu et nous avons souhaité les partager avec vous. Ce livre est ici notre édition de référence. Et puis, Gustave Doré... Comment réaliser une édition illustrée des contes de Perrault sans ses gravures ?

Toutefois, le texte de notre édition de référence présentait des lacunes : certains contes, comme Griselidis, manquaient et, parfois, des coupures étaient faites au texte, pour raisons de bienséance apparemment, comme le passage où le Petit Poucet fait fortune, avec ses bottes de sept lieues, en servant de mes- sager entre des dames de la cour et leurs amants sur le champ de bataille. Nous avons donc enrichi cette édition de la Préface de Charles Perrault, de Griselidis et de quelques passages manquants, en nous référant, à ces occasions, aux textes fai- sant consensus dans des éditions des 19ème et 20ème siècles, le texte d'origine ayant été écrit dans un français du 17ème siècle. Nous avons conservé, par contre, l'ordre des Contes de notre édition de référence et opté pour la version en prose de Peau d'Âne qui figure dans cette édition même si ces options, comme tous les choix peuvent être contestés.

Nous vous souhaitons une bonne lecture ! Les Bourlapapey.

NOTICE HISTORIQUE

SUR LA VIE ET LES ÉCRITS DE CHARLES PERRAULT

Charles Perrault, né en 1633, mérita d'obtenir un rang dis- tingué parmi les écrivains du deuxième ordre qui vécurent dans le beau siècle de Louis XIV. Il se livra à l'étude des lettres dès sa plus tendre jeunesse ; et, dominé par le penchant tout particulier qu'il avait pour la poésie, il s'y abandonna presque exclusi- vement. Doué du plus heureux caractère et modeste autant qu'estimable, Perrault ne tarda pas à trouver dans le grand Col- bert un protecteur capable d'apprécier ses talents, et bientôt il fut nommé par lui à la place de contrôleur général des bâti- ments.

C'est alors qu'il profita de la confiance et de l'amitié du mi- nistre pour rendre aux beaux-arts les services les plus éminents. L'Académie française dut à ses soins son logement au Louvre ; il présida à l'établissement des Académies de peinture, de sculp- ture et d'architecture, qui furent formées d'après ses mémoires, et il entra un des premiers dans l'Académie des inscriptions. Enthousiaste du talent partout où il le rencontrait, il suffisait de cultiver avec succès un art quelconque pour trouver en lui un protecteur zélé. Incapable de jalousie, il louait franchement ses rivaux, se plaisait à les appuyer de son crédit pour leur assurer une honnête indépendance, et se faisait un devoir et un plaisir de solliciter, pour les gens de lettres et les artistes, des pensions ou des récompenses.

La mort de Colbert l'ayant privé de l'emploi honorable dont ce ministre l'avait revêtu, Perrault, rendu aux douceurs d'une vie paisible et privée, put se livrer tout entier à la littérature. Ce fut alors qu'il composa son poème intitulé : Le Siècle de Louis le Grand, et le Parallèle des Anciens et des Modernes. Ces deux ouvrages le firent regarder comme le détracteur des siècles les plus illustres de l'antiquité, et lui suscitèrent plusieurs querelles. Boileau surtout le poursuivit des épigrammes les plus mor- dantes ; mais, dans toutes leurs discussions, il ne fut pas lui- même exempt de partialité.

L'Éloge historique des grands hommes du dix-septième siècle suivit ces deux ouvrages. Nous lui devons aussi plusieurs poésies légères ; mais c'est principalement en composant les contes des fées que Perrault se délassait de ses grands travaux. Ces contes, d'un style plein du naturel le plus gracieux, ont sur- vécu à mille écrits de ce genre, et font encore aujourd'hui les dé- lices de l'enfance : et, en effet, qui n'a pas lu avec admiration, terreur ou plaisir le Petit Poucet, la Barbe Bleue, Peau d'Âne, Cendrillon, etc. ?

Ces contes ont fourni à plusieurs auteurs distingués de notre siècle le sujet de pièces représentées avec succès sur les premiers théâtres de la capitale. Barbe Bleue, sous la plume gracieuse de Sedaine, attira longtemps la foule à l'Opéra-Comi- que. Le même théâtre vit aussi longtemps la faveur attachée au charmant opéra de M. Étienne, appelé Cendrillon.

Charles Perrault mourut en 1703, à l'âge de soixante-dix ans, regretté de ses amis, et généralement de tous ceux qui l'avaient approché, laissant à la postérité un beau modèle de probité, de bienfaisance et de modestie.

Non moins célèbre dans une autre carrière, Claude Per- rault, son frère, s'adonna d'abord avec quelque succès à la médecine, puis se distingua bientôt dans l'architecture. Il publia deux excellents traités sur cet art et deux ouvrages estimés sur l'histoire naturelle des animaux. Ce fut sur les dessins de cet ha- bile architecte qu'on éleva l'Observatoire ; mais il sembla réunir tout son talent pour créer cette belle façade du Louvre appelée la Colonnade, morceau digne de l'ensemble du monument, et qui fera longtemps l'admiration des étrangers.

Claude Perrault mourut en 1688, à l'âge de soixante-quinzeans.

PRÉFACE

La manière dont le public a reçu les pièces de ce recueil, à mesure qu'elles lui ont été données séparément, est une espèce d'assurance qu'elles ne lui déplairont pas en paraissant toutes ensembles. Il est vrai que quelques personnes qui affectent de paraître graves, et qui ont assez d'esprit pour voir que ce sont des contes faits à plaisir, et que la matière n'en est pas fort im- portante, les ont regardées avec mépris ; mais on a eu la satis- faction de voir que les gens de bon goût n'en ont pas jugé de la sorte.

Ils ont été bien aises de remarquer que ces bagatelles n'étaient pas de pures bagatelles, qu'elles renfermaient une mo- rale utile, et que le récit enjoué dont elles étaient enveloppées n'avait été choisi que pour les faire entrer plus agréablement dans l'esprit et d'une manière qui instruisît et divertît tout en- semble. Cela devrait me suffire pour ne pas craindre le reproche de m'être amusé à des choses frivoles. Mais comme j'ai affaire à bien des gens qui ne se payent pas de raisons et qui ne peuvent être touchés que par l'autorité et par l'exemple des anciens, je vais les satisfaire là-dessus. Les fables milésiennes si célèbres parmi les Grecs, et qui ont fait les délices d'Athènes et de Rome, n'étaient pas d'une autre espèce que les fables de ce recueil. L'histoire de la Matrone d'Éphèse est de la même nature que celle de Griselidis : ce sont l'une et l'autre des nouvelles, c'est à dire des récits de choses qui peuvent être arrivées, et qui n'ont rien qui blesse absolument la vraisemblance. La fable de Psyché écrite par Lucien et par Apulée est une fiction toute pure et un conte de vieille comme celui de Peau d'Âne. Aussi voyons-nous qu'Apulée le fait raconter par une vieille femme à une jeune fille que des voleurs avaient enlevée, de même que celui de Peau d'Âne est conté tous les jours à des enfants par leurs gouver- nantes, et par leurs grand-mères. La fable du Laboureur qui ob- tint de Jupiter le pouvoir de faire comme il lui plairait la pluie et le beau temps, et qui en usa de telle sorte, qu'il ne recueillit que de la paille sans aucuns grains, parce qu'il n'avait jamais de- mandé ni vent, ni froid, ni neige, ni aucun temps semblable ; chose nécessaire cependant pour faire fructifier les plantes : cette fable, dis-je, est de même genre que le conte des Souhaits Ridicules, si ce n'est que l'un est sérieux et l'autre comique ; mais tous les deux vont à dire que les hommes ne connaissent pas ce qu'il leur convient, et sont plus heureux d'être conduits par la Providence, que si toutes choses leur succédaient selon qu'ils le désirent. Je ne crois pas qu'ayant devant moi de si beaux modèles dans la plus sage et la plus docte antiquité, on soit en droit de me faire aucun reproche. Je prétends même que mes Fables méritent mieux d'être racontées que la plupart des contes anciens, et particulièrement celui de la Matrone d'Éphèse et celui de Psyché, si l'on les regarde du côté de la Mo- rale, chose principale dans toute sorte de Fables, et pour la- quelle elles doivent avoir été faites. Toute la moralité qu'on peut tirer de la Matrone d'Éphèse est que souvent les femmes qui semblent les plus vertueuses le sont le moins, et qu'ainsi il n'y en a presque point qui le soient véritablement.

Qui ne voit que cette Morale est très mauvaise, et qu'elle ne va qu'à corrompre les femmes par le mauvais exemple, et à leur faire croire qu'en manquant à leur devoir elles ne font que suivre la voie commune. Il n'en est pas de même de la morale de Griselidis, qui tend à porter les femmes à souffrir de leurs ma- ris, et à faire voir qu'il n'y en a point de si brutal ni de si bizarre, dont la patience d'une honnête femme ne puisse venir à bout. À l'égard de la morale cachée dans la fable de Psyché, fable en elle-même très agréable et très ingénieuse, je la comparerai aveccelle de Peau d'Âne quand je la saurai, mais jusqu'ici je n'ai pu la deviner. Je sais bien que Psyché signifie l'âme ; mais je ne comprends point ce qu'il faut entendre par l'amour qui est amoureux de Psyché, c'est-à-dire de l'âme, et encore moins ce qu'on ajoute, que

Psyché devait être heureuse, tant qu'elle ne connaîtrait point celui dont elle était aimée, qui était l'amour, mais qu'elle serait très malheureuse dès le moment qu'elle vien- drait à le connaître : voilà pour moi une énigme impénétrable. Tout ce qu'on peut dire, c'est que cette fable de même que la plupart de celles qui nous restent des anciens n'ont été faites que pour plaire sans égard aux bonnes mœurs qu'ils négli- geaient beaucoup. Il n'en est pas de même des contes que nos aïeux ont inventés pour leurs enfants. Ils ne les ont pas contés avec l'élégance et les agréments dont les Grecs et les Romains ont orné leurs fables ; mais ils ont toujours eu un très grand soin que leurs contes renfermassent une moralité louable et ins- tructive. Partout la vertu y est récompensée, et partout le vice y est puni. Ils tendent tous à faire voir l'avantage qu'il y a d'être honnête, patient, avisé, laborieux, obéissant et le mal qui arrive à ceux qui ne le sont pas. Tantôt ce sont des fées qui donnent pour don à une jeune fille qui leur aura répondu avec civilité, qu'à chaque parole qu'elle dira, il lui sortira de la bouche un diamant ou une perle ; et à une autre fille qui leur aura répondu brutalement, qu'à chaque parole il lui sortira de la bouche une grenouille ou un crapaud. Tantôt ce sont des enfants qui pour avoir bien obéi à leur père ou à leur mère deviennent grands seigneurs, ou d'autres, qui ayant été vicieux et désobéissants, sont tombés dans des malheurs épouvantables. Quelque frivoles et bizarres que soient toutes ces fables dans leurs aventures, il est certain qu'elles excitent dans les enfants le désir de ressem- bler à ceux qu'ils voient devenir heureux, et en même temps la crainte des malheurs où les méchants sont tombés par leur mé- chanceté. N'est-il pas louable à des pères et à des mères, lorsque leurs enfants ne sont pas encore capables de goûter les vérités solides et dénuées de tous agréments, de les leur faire aimer, et si cela se peut dire, les leur faire avaler, en les enveloppant dansdes récits agréables et proportionnés à la faiblesse de leur âge. Il n'est pas croyable avec quelle avidité ces âmes innocentes, et dont rien n'a encore corrompu la droiture naturelle, reçoivent ces instructions cachées ; on les voit dans la tristesse et dans l'abattement, tant que le héros ou l'héroïne de conte sont dans le malheur, et s'écrier de joie quand le temps de leur bonheur arrive ; de même qu'après avoir souffert impatiemment la pros- périté du méchant ou de la méchante, ils sont ravis de les voir enfin punis comme ils le méritent. Ce sont des semences qu'on jette qui ne produisent d'abord que des mouvements de joie et de tristesse, mais dont il ne manque guère d'éclore de bonnes inclinations.

J'aurais pu rendre mes Contes plus agréables en y mêlant certaines choses un peu libres dont on a accoutumé de les égayer ; mais le désir de plaire ne m'a jamais assez tenté pour violer une loi que je me suis imposé de ne rien écrire qui pût blesser ou la pudeur ou la bienséance. Voici un madrigal qu'une jeune demoiselle de beaucoup d'esprit a composé sur ce sujet, et qu'elle a écrit au-dessous du conte de Peau d'Âne que je lui avais envoyé.   Le Conte de Peau d'Âne est ici raconté Avec tant de naïveté,

Qu'il ne m'a pas moins divertie,

Que quand auprès du feu ma Nourrice ou ma Mie Tenaient en le faisant mon esprit enchanté.

On y voit par endroits quelques traits de Satire, Mais qui sans fiel et sans malignité,

À tous également font du plaisir à lire :

Ce qui me plaît encore dans sa simple douceur, C'est qu'il divertit et fait rire,

Sans que Mère, Époux, Confesseur, Y puissent trouver à redire.

À MADEMOISELLE

Mademoiselle,

On ne trouvera pas étrange qu'un enfant ait pris plaisir à composer les contes de ce recueil, mais on s'étonnera qu'il ait eu la hardiesse de vous les présenter. Cependant, Mademoiselle, quelque disproportion qu'il y ait entre la simplicité de ces récits, et les lumières de votre esprit, si on examine bien ces contes, on verra que je ne suis pas aussi blâmable que je le parais d'abord. Ils renferment tous une morale très sensée, et qui se découvre plus ou moins, selon le degré de pénétration de ceux qui les li- sent ; d'ailleurs comme rien ne marque tant la vaste étendue d'un esprit, que de pouvoir s'élever en même temps aux plus grandes choses, et s'abaisser aux plus petites, on ne sera point surpris que la même Princesse, à qui la nature et l'éducation ont rendu familier ce qu'il y a de plus élevé, ne dédaigne pas de prendre plaisir à de semblables bagatelles. Il est vrai que ces contes donnent une image de ce qui se passe dans les moindres familles, où la louable impatience d'instruire les enfants fait imaginer des histoires dépourvues de raison, pour s'accommo- der à ces mêmes enfants qui n'en ont pas encore ; mais à qui convient-il mieux de connaître comment vivent les peuples, qu'aux personnes que le ciel destine à les conduire ? Le désir de cette connaissance a poussé des héros, et même des héros de votre race, jusque dans des huttes et des cabanes, pour y voir de près et par eux même ce qui s'y passait de plus particulier : cetteconnaissance leur ayant paru nécessaire pour leur parfaite ins- truction. Quoi qu'il en soit, Mademoiselle, Pouvais-je mieux choisir pour rendre vraisemblable Ce que la Fable a d'incroyable ?

Et jamais Fée au temps jadis Fit-elle à jeune Créature,

Plus de dons, et de dons exquis, Que vous en a fait la Nature ? Je suis avec un très profond respect,

Mademoiselle,

De Votre Altesse Royale,

Le très humble et très obéissant serviteur,

P. DARMANCOUR.

LA BELLE AU BOIS DORMANT

Il était une fois un roi et une reine qui étaient si fâchés de n'avoir point d'enfants, si fâchés qu'on ne saurait dire. Ils allè- rent à toutes les eaux du monde : vœux, pèlerinages, menues dévotions, tout fut mis en œuvre, et rien n'y faisait. Enfin pour- tant la reine devint grosse et accoucha d'une fille. On fit un beau baptême ; on donna pour marraines, à la petite princesse, toutes les fées qu'on pût trouver dans le pays (il s'en trouva sept), afin que, chacune d'elles lui faisant un don, comme c'était la cou- tume des fées en ce temps-là, la princesse eût, par ce moyen, toutes les perfections imaginables. Après les cérémonies du baptême, toute la compagnie revint au palais du roi, où il y avait un grand festin pour les fées. On mit devant chacune d'elles un couvert magnifique, avec un étui d'or massif où il y avait une cuiller, une fourchette, et un couteau de fin or, garni de dia- mants et de rubis. Mais comme chacune prenait sa place à table, on vit entrer une vieille fée, qu'on n'avait point priée, parce qu'il y avait plus de cinquante ans qu'elle n'était sortie d'une tour, et qu'on la croyait morte ou enchantée.

Le roi lui fit donner un couvert ; mais il n'y eut pas moyen de lui donner un étui d'or, comme aux autres, parce que l'on n'en avait fait faire que sept, pour les sept fées. La vieille crut qu'on la méprisait, et grommela quelques menaces entre ses dents. Une des jeunes fées, qui se trouva auprès d'elle l'entendit, et, jugeant qu'elle pourrait donner quelque fâcheux don à la pe- tite princesse, alla, dès qu'on fut sorti de table, se cacher der- rière la tapisserie afin de parler la dernière, et de pouvoir répa- rer, autant qu'il lui serait possible, le mal que la vieille aurait fait. Cependant les fées commencèrent à faire leurs dons à la princesse. La plus jeune lui donna pour don qu'elle serait la plus belle personne du monde ; celle d'après, qu'elle aurait de l'esprit comme un ange ; la troisième, qu'elle aurait une grâce admi- rable à tout ce qu'elle ferait ; la quatrième, qu'elle danserait par- faitement bien ; la cinquième, qu'elle chanterait comme un ros- signol ; et la sixième, qu'elle jouerait de toutes sortes d'instru- ments dans la dernière perfection. Le rang de la vieille fée étant venu, elle dit, en branlant la tête encore plus de dépit que de vieillesse, que la princesse se percerait la main d'un fuseau, et qu'elle en mourrait.

Ce terrible don fit frémir toute la compagnie, et il n'y eût personne qui ne pleurât. Dans ce moment la jeune fée sortit de derrière la tapisserie, et dit tout haut ces paroles : « Rassurez- vous, roi et reine, votre fille n'en mourra pas ; il est vrai que je n'ai pas assez de puissance pour défaire entièrement ce que mon ancienne a fait ; la princesse se percera la main d'un fu- seau ; mais au lieu d'en mourir, elle tombera seulement dans un profond sommeil qui durera cent ans, au bout desquels le fils d'un roi viendra la réveiller. »

Le roi, pour tâcher d'éviter le malheur annoncé par la vieille, fit publier aussitôt un édit, par lequel il défendait à toutes personnes de filer au fuseau, ni d'avoir des fuseaux chez soi, sur peine de la vie.

Au bout de quinze ou seize ans le roi et la reine étant allés à une de leurs maisons de plaisance, il arriva que la jeune prin- cesse, courant un jour dans le château, et montant de chambre en chambre, alla jusqu'au haut d'un donjon dans un petit gale- tas où une bonne vieille était seule à filer sa quenouille. Cette bonne femme n'avait point ouï parler des défenses que le roi avait faites de filer au fuseau. « Que faites-vous là, ma bonne femme ? dit la princesse. — Je file, ma belle enfant, lui répondit la vieille qui ne la connaissait pas. — Ah ! Que cela est joli ! reprit la princesse ; comment faites-vous ? Donnez-moi que je voie si j'en ferais bien autant. » Elle n'eut pas plus tôt pris le fuseau, que, comme elle était fort vive, un peu étourdie, et que d'ailleurs l'arrêt des fées l'ordonnait ainsi, elle s'en perça la main, et tomba évanouie.

La bonne vieille, bien embarrassée, crie au secours : on vient de tous côtés, on jette de l'eau au visage de la princesse, on la délace, on lui frappe dans les mains, on lui frotte les tempes avec de l'eau de la reine de Hongrie ; mais rien ne la faisait re- venir.

Alors le roi, qui était monté au bruit, se souvint de la pré- diction des fées, et jugeant bien qu'il fallait que cela arrivât, puisque les fées l'avaient dit, fit mettre la princesse dans le plus bel appartement du palais, sur un lit en broderie d'or et d'argent. On eût dit un ange, tant elle était belle ; car son éva- nouissement n'avait pas ôté les couleurs vives de son teint : ses joues étaient incarnates, et ses lèvres comme du corail ; elle avait seulement les yeux fermés, mais on l'entendait respirer doucement : ce qui faisait voir qu'elle n'était pas morte.

Le roi ordonna qu'on la laissât dormir en repos, jusqu'à ce que son heure de se réveiller fût venue. La bonne fée qui lui avait sauvé la vie, en la condamnant à dormir cent ans, était dans le royaume de Mataquin, à douze mille lieues de là, lorsque l'accident arriva à la princesse ; mais elle en fut avertie, en un instant, par un petit nain, qui avait des bottes de sept lieues (c'était des bottes avec lesquelles on faisait sept lieues d'une seule enjambée). La fée partit aussitôt, et on la vit, au bout d'une heure, arriver dans un chariot tout de feu, traîné par des dragons. Le roi alla lui présenter la main, à la descente du cha- riot. Elle approuva tout ce qu'il avait fait ; mais comme elle était grandement prévoyante, elle pensa que quand la princesse viendrait à se réveiller, elle serait bien embarrassée toute seule dans ce vieux château : voici ce qu'elle fit.

Elle toucha de sa baguette tout ce qui était dans ce château (hors le roi et la reine) : gouvernantes, filles d'honneur, femmes de chambre, gentilshommes, officier, maîtres d'hôtel, cuisiniers, marmitons, galopins, gardes, suisses, pages, valets de pied ; elle toucha aussi tous les chevaux qui étaient dans les écuries, avec les palefreniers, les gros mâtins de basse-cour, et la petite Pouffe, petite chienne de la princesse, qui était auprès d'elle sur son lit. Dès qu'elle les eut touchés, ils s'endormirent tous, pour ne se réveiller qu'en même temps que leur maîtresse, afin d'être tout prêts à la servir quand elle en aurait besoin. Les broches mêmes, qui étaient au feu, toutes pleines de perdrix et de fai- sans, s'endormirent, et le feu aussi. Tout cela se fit en un mo- ment : les fées n'étaient pas longues à leur besogne.

Alors le roi et la reine, après avoir baisé leur chère enfant sans qu'elle s'éveillât, sortirent du château et firent publier des défenses à qui que ce soit d'en approcher. Ces défenses n'étaient pas nécessaires ; car il crût, dans un quart d'heure, tout autour du parc, une si grande quantité de grands arbres et de petits, de ronces et d'épines entrelacées les unes dans les autres, que bête ni homme n'y aurait pu passer ; en sorte qu'on ne voyait plus que le haut des tours du château, encore n'était-ce que de bien loin. On ne douta point que la fée n'eût fait là encore un tour de son métier, afin que la princesse, pendant qu'elle dormirait, n'eût rien à craindre des curieux.

Au bout de cent ans, le fils du roi qui régnait alors, et qui était d'une autre famille que la princesse endormie, étant allé à la chasse de ce côté-là, demanda ce que c'était que les tours qu'il voyait au-dessus d'un grand bois fort épais. Chacun lui répondit selon qu'il avait ouï parler : les uns disaient que c'était un vieux château où il revenait des esprits ; les autres, que tous les sor- ciers de la contrée y faisaient leur sabbat. La plus commune opinion était qu'un ogre y demeurait, et que là il emportait tous les enfants qu'il pouvait attraper, pour les pouvoir manger à son aise et sans qu'on le pût suivre, ayant seul le pouvoir de se faire un passage au travers du bois. Le prince ne savait qu'en croire, lorsqu'un vieux paysan prit la parole, et lui dit :

« Mon prince, il y a plus de cinquante ans que j'ai ouï dire à mon père qu'il y avait dans ce château une princesse, la plus belle du monde ; qu'elle y devait dormir cent ans et qu'elle serait réveillée par le fils d'un roi à qui elle était réservée. »

Le jeune prince, à ce discours, se sentit tout de feu ; il crut sans balancer qu'il mettrait fin à une si belle aventure, et, pous- sé par l'amour et par la gloire, il résolut de voir sur-le-champ ce qui en était. À peine s'avança-t-il vers le bois, que tous ces grands arbres, ces ronces et ces épines s'écartèrent d'ellesmêmes pour le laisser passer. Il marcha vers le château, qu'il voyait au bout d'une grande avenue où il entra, et, ce qui le surprit un peu, il vit que per- sonne de ses gens ne l'avait pu suivre, parce que les arbres s'étaient rapprochés dès qu'il avait été passé. Il ne laissa pas de continuer son chemin : un prince jeune et amoureux est tou- jours vaillant. Il entra dans une grande avant-cour, où tout ce qu'il vit d'abord était capable de le glacer de crainte. C'était un silence affreux ; l'image de la mort s'y présentait partout, et ce n'était que des corps étendus d'hommes et d'animaux qui paraissaient morts. Il reconnut pourtant bien au nez bourgeonné et à la face vermeille des Suisses, qu'ils n'étaient qu'endormis : et leurs tasses où il y avait encore quelques gouttes de vin, montraient assez qu'ils s'étaient endormis en buvant. Il passe une grande cour pavée de marbre ; il monte l'escalier ; il entre dans la salle des gardes, qui étaient rangés en haie, la carabine sur l'épaule, et ronflants de leur mieux. Il traverse plusieurs chambres pleines de gentilshommes et de dames, dormant tous, les uns debout, les autres assis. Il entre dans une chambre toute dorée, et il voit sur un lit, dont les ri- deaux étaient ouverts de tous côtés, le plus beau spectacle qu'il eût jamais vu : une princesse qui paraissait avoir quinze ou seize ans, et dont l'éclat resplendissant avait quelque chose de lumi- neux et de divin. Il s'approcha en tremblant et en admirant, et se mit à genoux auprès d'elle. Alors, comme la fin de l'enchantement était venue, la prin- cesse s'éveilla ; et le regardant avec des yeux plus tendres qu'une première vue ne semblait le permettre : « Est-ce vous, mon prince ? lui dit-elle, vous vous êtes bien fait attendre. » Le prince, charmé de ces paroles, et plus encore de la manière dont elles étaient dites, ne savait comment lui témoigner sa joie et sa reconnaissance ; il l'assura qu'il l'aimait plus que lui-même. Ses discours furent mal rangés ; ils en plurent davantage : peu d'éloquence, beaucoup d'amour. Il était plus embarrassé qu'elle, et l'on ne doit pas s'en étonner : elle avait eu le temps de songer à ce qu'elle aurait à lui dire ; car il y a apparence (l'histoire n'en dit pourtant rien) que la bonne fée, pendant un si long sommeil, lui avait procuré le plaisir des songes agréables. Enfin il y avait quatre heures qu'ils se parlaient, et ils ne s'étaient pas encore dit la moitié des choses qu'ils avaient à se dire.

Cependant tout le palais s'était réveillé avec la princesse : chacun songeait à faire sa charge, et comme ils n'étaient pas tous amoureux, ils mouraient de faim. La dame d'honneur, pressée comme les autres, s'impatienta, et dit tout haut à la princesse que la viande était servie. Le prince aida la princesse à se lever ; elle était tout habillée et fort magnifiquement ; mais il se garda bien de lui dire qu'elle était habillée comme ma mère- grand, et qu'elle avait un collet monté ; elle n'en était pas moins belle.

Ils passèrent dans un salon de miroirs, et y soupèrent, ser- vis par les officiers de la princesse. Les violons et les hautbois jouèrent de vieilles pièces, mais excellentes, quoiqu'il y eût près de cent ans qu'on ne les jouât plus ; et après souper, sans perdre de temps, le grand aumônier les maria dans la chapelle du châ- teau, et la dame d'honneur leur tira le rideau. Ils dormirent peu : la princesse n'en avait pas grand besoin, et le prince la quitta, dès le matin, pour retourner à la ville, où son père devait être en peine de lui.

Le prince lui dit qu'en chassant il s'était perdu dans la fo- rêt, et qu'il avait couché dans la hutte d'un charbonnier, qui lui avait fait manger du pain noir et du fromage. Le roi son père, qui était un bonhomme, le crut ; mais sa mère n'en fut pas bien persuadée, et voyant qu'il allait presque tous les jours à la chasse, et qu'il avait toujours une raison en main pour s'excuser, quand il avait couché deux ou trois nuits dehors, elle ne douta plus qu'il n'eût quelque amourette ; car il vécut avec la princesse plus de deux ans entiers, et en eut deux enfants, dont le pre- mier, qui fut une fille, fut nommée l'Aurore, et le second un fils qu'on nomma le Jour, parce qu'il paraissait encore plus beau que sa sœur. La reine dit plusieurs fois à son fils, pour le faire expliquer, qu'il fallait se contenter dans la vie ; mais il n'osa ja- mais se fier à elle de son secret : il la craignait quoiqu'il l'aimât, car elle était de race ogresse, et le roi ne l'avait épousée qu'à cause de ses grands biens. On disait même tout bas à la cour qu'elle avait les inclinations des ogres et qu'en voyant passer de petits enfants, elle avait toutes les peines du monde à se retenir de se jeter sur eux ; ainsi le prince ne voulut jamais rien dire.

Mais quand le roi fut mort, ce qui arriva au bout de deux ans, et qu'il se vit le maître, il déclara publiquement son ma- riage, et alla en grande cérémonie quérir la reine sa femme dans son château. On lui fit une entrée magnifique dans la ville capi- tale, où elle entra au milieu de ses deux enfants. Quelque temps après, le roi alla faire la guerre à l'empereur Cantalabutte, son voisin. Il laissa la régence du royaume à la reine sa mère, et lui recommanda fort sa femme et ses enfants : il devait être à la guerre tout l'été ; et dès qu'il fut parti, la reine mère envoya sa bru et ses enfants à une maison de campagne dans les bois, pour pouvoir plus aisément assouvir son horrible envie. Elle y alla quelques jours après, et dit un soir à son maître d'hôtel : « Je veux manger demain à mon dîner la petite Aurore.

— Ah ! madame, dit le maître d'hôtel… — Je le veux, dit la reine (et elle le dit d'un ton d'ogresse qui a envie de manger de la chair fraîche), et je la veux manger à la sauce Robert. » Ce pauvre homme, voyant bien qu'il ne fallait pas se jouer à une ogresse, prit son grand couteau et monta à la chambre de la petite Aurore : elle avait pour lors quatre ans, et vint en sautant et en riant se jeter à son cou, et lui demander du bonbon. Il se mit à pleurer : le couteau lui tomba des mains, et il alla dans la basse-cour couper la gorge à un petit agneau, et lui fit une si bonne sauce que sa maîtresse l'assura qu'elle n'avait jamais rien mangé de si bon. Il avait emporté en même temps la petite Au- rore, et l'avait donnée à sa femme, pour la cacher dans le loge- ment qu'elle avait au fond de la basse-cour.

Huit jours après, la méchante reine dit à son maître d'hôtel : « Je veux manger à mon souper le petit Jour. » Il ne répliqua pas, résolu de la tromper comme l'autre fois. Il alla chercher le petit Jour, et le trouva avec un petit fleuret à la main, dont il faisait des armes avec un gros singe ; il n'avait pourtant que trois ans. Il le porta à sa femme qui le cacha avec la petite Aurore, et donna, à la place du petit Jour, un petit che- vreau fort tendre, que l'ogresse trouva admirablement bon.

Cela était fort bien allé jusque-là ; mais un soir cette mé- chante reine dit au maître d'hôtel : « Je veux manger la reine à la même sauce que ses enfants. » Ce fut alors que le pauvre maître d'hôtel désespéra de la pouvoir encore tromper. La jeune reine avait vingt ans passés, sans compter les cent ans qu'elle avait dormi : sa peau était un peu dure, quoique belle et blanche ; et le moyen de trouver, dans la ménagerie, une bête aussi dure que cela ? Il prit la résolution, pour sauver sa vie, de couper la gorge à la reine, et monta dans sa chambre dans l'intention de n'en pas faire à deux fois. Il s'excitait à la fureur, entra, le poignard à la main, dans la chambre de la jeune reine ; il ne voulut pourtant point la surprendre et il lui dit avec beau- coup de respect l'ordre qu'il avait reçu de la reine mère. « Faites votre devoir, lui dit-elle, en lui tendant le cou, exécutez l'ordre qu'on vous a donné ; j'irai revoir mes enfants, mes pauvres en- fants que j'ai tant aimés ! » Car elle les croyait morts, depuis qu'on les avait enlevés sans lui rien dire.

« Non, non, madame, lui répondit le pauvre maître d'hôtel tout attendri, vous ne mourrez point et vous ne laisserez pas d'aller revoir vos enfants ; mais ce sera chez moi où je les ai ca- chés, et je tromperai encore la reine en lui faisant manger une jeune biche en votre place. » Il la mena aussitôt à sa chambre, où, la laissant embrasser ses enfants et pleurer avec eux, il alla accommoder une biche, que la reine mangea à son souper avec le même appétit que si c'eût été la jeune reine ; elle était bien contente de sa cruauté, et elle se préparait à dire au roi, à son retour, que les loups enragés avaient mangé la reine sa femme   et ses deux enfants.

Un soir qu'elle rôdait à son ordinaire dans les cours et basses-cours du château pour y halener quelque viande fraîche, elle entendit dans une salle le petit Jour qui pleurait, parce que la reine sa mère le voulait faire fouetter, à cause qu'il avait été méchant : et elle entendit aussi la petite Aurore qui demandait pardon pour son frère. L'ogresse reconnut la voix de la reine et de ses enfants, et, furieuse d'avoir été trompée, elle commanda dès le lendemain matin, avec une voix épouvantable qui faisait trembler tout le monde, qu'on apportât au milieu de la cour une grande cuve, qu'elle fit remplir de vipères, de crapauds, de cou- leuvres et de serpents, pour y faire jeter la reine et ses enfants, le maître d'hôtel, sa femme et sa servante : elle avait donné l'ordre de les amener les mains liées derrière le dos. Ils étaient là, et les bourreaux se préparaient à les jeter dans la cuve, lorsque le roi, qu'on n'attendait pas si tôt, entra dans la cour à cheval ; il était venu en poste, et demanda, tout étonné, ce que voulait dire cet horrible spectacle. Personne n'osait l'en instruire, quand l'ogresse, enragée de voir ce qu'elle voyait, se jeta elle-même la tête la première dans la cuve, et fut dévorée en un instant par les vilaines bêtes qu'elle y avait fait mettre. Le roi ne laissa pas d'en être fâché ; elle était sa mère ; mais il s'en consola bientôt avec sa belle femme et ses enfants.

Moralité

Attendre quelque temps pour avoir un époux, Riche, bien fait, galant et doux,

La chose est assez naturelle ;

Mais l'attendre cent ans, et toujours en dormant, On ne trouve plus de femelle,

Qui dormît si tranquillement.

La fable semble encor vouloir nous faire entendre, Que souvent de l'hymen les agréables nœuds,

Pour être différés, n'en sont pas moins heureux, Et qu'on ne perd rien pour attendre.

Mais le sexe, avec tant d'ardeur, Aspire à la foi conjugale,

Que je n'ai pas la force ni le cœur, De lui prêcher cette morale.

LE PETIT CHAPERON ROUGE

Il était une fois une petite fille de village, la plus jolie qu'on eût su voir : sa mère en était folle, et sa mère-grand plus folle encore. Cette bonne femme lui fit faire un petit chaperon rouge, qui lui seyait si bien, que partout on l'appelait le petit Chaperon Rouge.

Un jour sa mère ayant cuit et fait des galettes lui dit : « Va voir comme se porte ta mère-grand, car on m'a dit qu'elle était malade. Porte-lui une galette et ce petit pot de beurre. » Le Petit Chaperon rouge partit aussitôt pour aller chez sa mère-grand qui demeurait dans un autre village. En passant dans un bois elle rencontra compère le Loup, qui eut bien envie de la man- ger ; mais il n'osa, à cause de quelques bûcherons qui étaient dans la forêt. Il lui demanda où elle allait ; la pauvre enfant, qui ne savait pas qu'il est dangereux de s'arrêter à écouter un Loup, lui dit :

« Je vais voir ma mère-grand, et lui porter une galette avec un petit pot de beurre que ma mère lui envoie. — Demeure-t- elle bien loin ? lui dit le Loup.   —   Oh ! oui, dit le petit Chaperon Rouge, c'est par delà le moulin que vous voyez tout là-bas, là-bas, à la première maison du village.

—   Eh bien ! dit le Loup, je veux l'aller voir aussi : je m'y en vais par ce chemin-ci, et toi par ce chemin-là ; et nous verrons qui plus tôt y sera. » Le Loup se mit à courir, de toute sa force, par le chemin qui était le plus court, et la petite fille s'en alla par le chemin qui était le plus long, s'amusant à cueillir des noi- settes, à courir après des papillons, et à faire des bouquets des petites fleurs qu'elle rencontrait.   Le Loup ne fut pas longtemps à arriver à la maison de la mère-grand ; il heurte : Toc, toc. « Qui est là ? — C'est votre fille le petit Chaperon Rouge, dit le Loup, en contrefaisant sa voix, qui vous apporte une galette et un petit pot de beurre que ma mère vous envoie. » La bonne mère-grand, qui était dans son lit, à cause qu'elle se trouvait un peu mal, lui cria : « Tire la chevil- lette, la bobinette cherra. »

Le Loup tira la chevillette, et la porte s'ouvrit. Il se jeta sur la bonne femme et la dévora en moins de rien, car il y avait plus de trois jours qu'il n'avait mangé. Ensuite il ferma la porte et s'alla coucher dans le lit de la mère-grand, en attendant le petit Chaperon Rouge qui quelque temps après vint heurter à la porte : Toc, toc.   « Qui est là ? » Le petit Chaperon Rouge, qui entendit la grosse voix du Loup, eut peur d'abord ; mais croyant que sa mère-grand était enrhumée, répondit : « C'est votre fille, le petit

Chaperon Rouge, qui vous apporte une galette et un petit pot de beurre que ma mère vous envoie. Le Loup lui cria en adoucis- sant un peu sa voix : « Tire la chevillette, la bobinette cherra. » Le petit Chaperon Rouge tira la chevillette, et la porte s'ouvrit.   Le Loup, la voyant entrer, lui dit en se cachant dans le lit sous la couverture : « Mets la galette et le petit pot de beurre sur la huche et viens te coucher avec moi. » Le petit Chaperon Rouge se déshabille et va se mettre dans le lit, où elle fut bien étonnée de voir comment sa mère-grand était faite en son dés- habillé. Elle lui dit : « Ma mère-grand, que vous avez de grands bras ! — C'est pour mieux t'embrasser, ma fille. — Ma mère- grand, que vous avez de grandes jambes ! — Ma mère-grand, que vous avez de grandes oreilles ! — C'est pour mieux écouter, mon enfant. — Ma mère-grand, que vous avez de grands   yeux !

— C'est pour mieux te voir, mon enfant. — Ma mère-grand, que vous avez de grandes dents ! — C'est pour te manger. » Et en di- sant ces mots, le méchant Loup se jeta sur le petit Chaperon Rouge, et la mangea.

Moralité

On voit ici que de jeunes enfants, Surtout de jeunes filles

Belles, bien faites, et gentilles,

Font très mal d'écouter toute sorte de gens, Et que ce n'est pas chose étrange,

S'il en est tant que le loup mange. Je dis le loup, car tous les loups Ne sont pas de la même sorte :

Il en est d'une humeur accorte,

Sans bruit, sans fiel et sans courroux, Qui, privés, complaisants et doux, Suivent les jeunes demoiselles

Jusque dans les maisons, jusque dans les ruelles. Mais hélas ! qui ne sait que ces loups doucereux

De tous les loups sont les plus dangereux.

LA BARBE BLEUE

Il était une fois un homme qui avait de belles maisons à la ville et à la campagne, de la vaisselle d'or et d'argent, des meubles en broderie, des carrosses tout dorés. Mais, par malheur, cet homme avait la barbe bleue : cela le rendait si laid et si terrible, qu'il n'était ni femme ni fille qui ne s'enfuît de devant lui.   Une de ses voisines, dame de qualité, avait deux filles par- faitement belles. Il lui en demanda une en mariage, en lui lais- sant le choix de celle qu'elle voudrait lui donner. Elles n'en vou- laient point toutes deux, et se le renvoyaient l'une à l'autre, ne pouvant se résoudre à prendre un homme qui eût la barbe bleue. Ce qui les dégoûtait encore, c'est qu'il avait déjà épousé plusieurs femmes, et qu'on ne savait ce que ces femmes étaient devenues.

La Barbe Bleue, pour faire connaissance, les mena avec leur mère, et trois ou quatre de leurs meilleures amies, et quelques jeunes gens du voisinage, à une de ses maisons de campagne, où on demeura huit jours entiers. Ce n'était que promenades, que parties de chasse et de pêche, que danses et festins, que collations : on ne dormait point et on passait toute la nuit à se faire des malices les uns aux autres ; enfin tout alla si bien que la cadette commença à trouver que le maître du logis n'avait plus la barbe si bleue, et que c'était un fort honnête homme. Dès qu'on fut de retour à la ville, le mariage se conclut. Au bout d'un mois, la Barbe Bleue dit à sa femme qu'il était obligé de faire un voyage en province, de six semaines au moins, pour une affaire de conséquence ; qu'il la priait de se bien diver- tir pendant son absence ; qu'elle fît venir ses bonnes amies ; qu'elle les menât à la campagne si elle voulait, que partout elle fît bonne chère. « Voilà, lui dit-il, les clefs des deux grands garde-meubles ; voilà celle de la vaisselle d'or et d'argent qui ne sert pas tous les jours ; voilà celles de mes coffres-forts, où est mon or et mon argent ; celles des cassettes où sont mes pierre- ries ; et voilà le passe-partout de tous les appartements. Pour cette petite clef-ci, c'est la clef du cabinet au bout de la grande galerie de l'appartement bas : ouvrez tout, allez partout, mais pour ce petit cabinet, je vous défends d'y entrer, et je vous le dé- fends de telle sorte que, s'il vous arrive de l'ouvrir, il n'y a rien que vous ne deviez attendre de ma colère. Elle promit d'observer exactement tout ce qui lui venait d'être ordonné, et lui, après l'avoir embrassée, monte dans son carrosse et part pour son voyage. Les voisines et les bonnes amies n'attendirent pas qu'on les envoyât quérir pour aller chez la jeune mariée, tant elles avaient d'impatience de voir toutes les richesses de sa maison, n'ayant osé y venir pendant que le mari y était, à cause de sa barbe bleue qui leur faisait peur. Les voilà aussitôt à parcourir les chambres, les cabinets, les garde-robes, toutes plus belles et plus riches les unes que les autres. Elles montèrent ensuite aux garde-meubles, où elles ne pouvaient assez admirer le nombre et la beauté des tapisseries, des lits, des sophas, des cabinets, des guéridons, des tables et des miroirs, où l'on se voyait depuis les pieds jusqu'à la tête, et dont les bordures, les unes de glace, les autres d'argent et de vermeil doré, étaient les plus belles et les plus magnifiques qu'on eût jamais vues. Elles ne cessaient d'exagérer et d'envier le bonheur de leur amie, qui, cependant ne se divertissait point à voir toutes ces richesses, à cause de l'impatience qu'elle avait d'aller ouvrir le cabinet de l'appartement bas.

Elle fut si pressée de sa curiosité, que, sans considérer qu'il était malhonnête de quitter sa compagnie, elle y descendit par un petit escalier dérobé, et avec tant de précipitation, qu'elle pensa se rompre le cou deux ou trois fois. Étant arrivée à la porte du cabinet, elle s'y arrêta quelque temps, songeant à la dé- fense que son mari lui avait faite, et considérant qu'il pourrait lui arriver malheur d'avoir été désobéissante ; mais la tentation était si forte, qu'elle ne put la surmonter : elle prit donc la petite clef, et ouvrit en tremblant la porte du cabinet.

D'abord elle ne vit rien, parce que les fenêtres étaient fer- mées. Après quelques moments, elle commença à voir que le plancher était tout couvert de sang caillé, et que dans ce sang se miraient les corps de plusieurs femmes mortes, et attachées le long des murs : c'était toutes les femmes que la Barbe-Bleue avait épousées et qu'il avait égorgées l'une après l'autre. Elle pensa mourir de peur, et la clef du cabinet, qu'elle venait de re- tirer de la serrure, lui tomba de la main.

Après avoir un peu repris ses sens, elle ramassa la clef, re- ferma la porte, et monta à sa chambre pour se remettre un peu ; mais elle n'en pouvait venir à bout, tant elle était émue.

Ayant remarqué que la clef du cabinet était tachée de sang, elle l'essuya deux ou trois fois ; mais le sang ne s'en allait point : elle eut beau la laver, et même la frotter avec du sablon et avec du grès, il y demeura toujours du sang, car la clef était fée, et il n'y avait pas moyen de la nettoyer tout à fait : quand on ôtait le sang d'un côté, il revenait de l'autre.

La Barbe Bleue revint de son voyage dès le soir même, et dit qu'il avait reçu des lettres, dans le chemin, qui lui avaient appris que l'affaire pour laquelle il était parti venait d'être ter- minée à son avantage. Sa femme fit tout ce qu'elle put pour lui témoigner qu'elle était ravie de son prompt retour.

Le lendemain il lui redemanda les clefs ; et elle les lui don- na, mais d'une main si tremblante, qu'il devina sans peine tout ce qui s'était passé. « D'où vient, lui dit-il, que la clef du cabinet n'est point avec les autres ? — Il faut, dit-elle, que je l'aie laissée là-haut sur ma table. — Ne manquez pas, dit Barbe Bleue, de me la donner tantôt. »

Après plusieurs remises, il fallut apporter la clef. La Barbe Bleue, l'ayant considérée, dit à sa femme : « Pourquoi y a-t-il du sang sur cette clef ? — Je n'en sais rien, répondit la pauvre femme, plus pâle que la mort. — Vous n'en savez rien, reprit la Barbe Bleue ; je le sais bien, moi. Vous avez voulu entrer dans le cabinet ! Eh bien, madame, vous y entrerez, et irez prendre votre place auprès des dames que vous y avez vues. »

Elle se jeta aux pieds de son mari, en pleurant et en lui de- mandant pardon, avec toutes les marques d'un vrai repentir, de n'avoir pas été obéissante. Elle aurait attendri un rocher, belle et affligée comme elle était ; mais la Barbe Bleue avait le cœur plus dur qu'un rocher. « Il faut mourir, madame, lui dit-il, et tout à l'heure. — Puisqu'il faut mourir, répondit-elle, en le re- gardant les yeux baignés de larmes, donnez-moi un peu de temps pour prier Dieu. — Je vous donne un demi-quart d'heure, reprit la Barbe Bleue ; mais pas un moment davantage. » Lors- qu'elle fut seule, elle appela sa sœur, et lui dit : « Ma sœur Anne (car elle s'appelait ainsi), monte, je te prie, sur le haut de la tour, pour voir si mes frères ne viennent point : ils m'ont promis qu'ils me viendraient voir aujourd'hui, et, si tu les vois, fais-leur signe de se hâter. » La sœur Anne monta sur le haut de la tour, et la pauvre affligée lui criait de temps en temps : « Anne, ma sœur Anne, ne vois-tu rien venir ? » Et la sœur Anne lui répon- dait : « Je ne vois rien que le soleil qui poudroie et l'herbe qui verdoie. »   Cependant la Barbe Bleue, tenant un grand coutelas à sa main, criait de toute sa force à sa femme : « Descends vite, ou je monterai là-haut. — Encore un moment, s'il vous plaît, » lui ré- pondait sa femme ; et

16

aussitôt elle criait tout bas : « Anne, ma sœur Anne, ne vois-tu rien venir ? » Et la sœur Anne répondait :

« Je ne vois rien que le soleil qui poudroie et l'herbe qui verdoie. » « Descends donc vite, criait la Barbe Bleue, ou je monte- rai là-haut. — Je m'en vais, » répondait sa femme ; et puis elle criait : « Anne, ma sœur Anne, ne vois-tu rien venir ? — Je vois, répondit la sœur Anne, une grosse poussière qui vient de ce cô- té-ci… — Sont-ce mes frères ? — Hélas ! non, ma sœur, c'est un troupeau de moutons… — Ne veux-tu pas descendre ? criait la Barbe Bleue. — Encore un moment, » répondait sa femme ; et puis elle criait : « Anne, ma sœur Anne, ne vois-tu rien venir ?— Je vois, répondit-elle, deux cavaliers qui viennent de ce côté- ci, mais ils sont bien loin encore… Dieu soit loué, s'écria-t-elle un moment après, ce sont mes frères ; je leur fais signe tant que je puis de se hâter. »

La Barbe Bleue se mit à crier si fort que toute la maison en trembla. La pauvre femme descendit, et alla se jeter à ses pieds tout éplorée et tout échevelée. « Cela ne sert de rien, dit la Barbe Bleue, il faut mourir. » Puis la prenant d'une main par les che- veux, et de l'autre levant le coutelas en l'air, il allait lui abattre la tête. La pauvre femme se tournant vers lui, et le regardant avec des yeux mourants, le pria de lui donner un petit moment pour se recueillir. « Non, non, dit-il, recommande-toi bien à Dieu ; » et levant son bras… Dans ce moment on heurta si fort à la porte que la Barbe Bleue s'arrêta tout court. On ouvrit, et aussitôt on vit entrer deux cavaliers, qui, mettant l'épée à la main, couru- rent droit à la Barbe Bleue.

Il reconnut que c'était les frères de sa femme, l'un dragon et l'autre mousquetaire, de sorte qu'il s'enfuit aussitôt pour se sauver ; mais les deux frères le poursuivirent de si près, qu'ils l'attrapèrent avant qu'il pût gagner le perron. Ils lui passèrent leur épée au travers du corps et le laissèrent mort. La pauvre femme était presque aussi morte que son mari, et n'avait pas la force de se lever pour embrasser ses frères.

Il se trouva que la Barbe Bleue n'avait point d'héritiers, et qu'ainsi sa femme demeura maîtresse de tous ses biens. Elle en employa une partie à marier sa sœur Anne avec un jeune gentil- homme, dont elle était aimée depuis longtemps ; une autre partie à acheter des charges de capitaine à ses deux frères, et le reste à se marier elle-même à un fort honnête homme, qui lui fit oublier le mauvais temps qu'elle avait passé avec la Barbe Bleue.

Moralité

La curiosité, malgré tous ses attraits, Coûte souvent bien des regrets ;

On en voit tous les jours mille exemples paraître. C'est, n'en déplaise au sexe, un plaisir bien léger ;

Dès qu'on le prend, il cesse d'être, Et toujours il coûte trop cher.

Autre moralité

Pour peu qu'on ait l'esprit sensé,

Et que du monde on sache le grimoire, On voit bientôt que cette histoire

Est un conte du temps passé ; Il n'est plus d'époux si terrible,

Ni qui demande l'impossible, Fût-il malcontent et jaloux,

Près de sa femme on le voit filer doux ;

Et de quelque couleur que sa barbe puisse être, On a peine à juger qui des deux est le maître.

LE MAÎTRE CHAT OU LE CHAT BOTTÉ

Un meunier ne laissa pour tous biens, à trois enfants qu'il avait, que son moulin, son âne, et son chat. Les partages furent bientôt faits ; ni le notaire, ni le procureur n'y furent point appe- lés. Ils auraient eu bientôt mangé tout le pauvre patrimoine. L'aîné eut le moulin, le second eut l'âne, et le plus jeune n'eut que le chat.

Ce dernier ne pouvait se consoler d'avoir un si pauvre   lot :

« Mes frères, disait-il, pourront gagner leur vie honnêtement en se mettant ensemble ; pour moi, lorsque j'aurai mangé mon chat, et que je me serai fait un manchon de sa peau, il faudra que je meure de faim. »

Le chat qui entendait ce discours, mais qui n'en fit pas semblant, lui dit d'un air posé et sérieux : « Ne vous affligez point, mon maître ; vous n'avez qu'à me donner un sac et me faire faire une paire de bottes pour aller dans les broussailles, et vous verrez que vous n'êtes pas si mal partagé que vous croyez. »

Quoique le maître du chat ne fît pas grand fond là-dessus, il lui avait vu faire tant de tours de souplesse pour prendre des rats et des souris, comme quand il se pendait par les pieds ou qu'il se cachait dans la farine pour faire le mort, qu'il ne déses- péra pas d'en être secouru dans sa misère. Lorsque le chat eut ce qu'il avait demandé, il se botta bra- vement, et, mettant son sac à son cou, il en prit les cordons avec ses deux pattes de devant et s'en alla dans une garenne où il y avait grand nombre de lapins. Il mit du son et des lacerons dans son sac, et, s'étendant comme s'il eût été mort, il attendit que quelque jeune lapin, peu instruit encore des ruses de ce monde, vînt se fourrer dans son sac pour manger ce qu'il y avait mis.

À peine fut-il couché qu'il eut contentement ; un jeune étourdi de lapin entra dans son sac, et le maître chat tirant aus- sitôt les cordons le prit et le tua sans miséricorde.

Tout glorieux de sa proie, il s'en alla chez le roi et demanda à lui parler. On le fit monter à l'appartement de Sa Majesté, où, étant entré, il fit une grande révérence au roi et lui dit : « Voilà, sire, un lapin de garenne que M. le marquis de Carabas (c'était le nom qu'il lui prit en gré de donner à son maître), m'a chargé de vous présenter de sa part. — Dis à ton maître, répondit le roi, que je le remercie, et qu'il me fait plaisir. »

Une autre fois, il alla se cacher dans un blé, tenant toujours son sac ouvert, et, lorsque deux perdrix y furent entrées, il tira les cordons, et les prit toutes deux. Il alla ensuite les présenter au roi, comme il avait fait du lapin de garenne. Le roi reçut en- core avec plaisir les deux perdrix, et lui fit donner pourboire.

Le chat continua ainsi, pendant deux ou trois mois, à por- ter de temps en temps au roi du gibier de la chasse de son maître. Un jour qu'il sut que le roi devait aller à la promenade sur le bord de la rivière avec sa fille, la plus belle princesse du monde, il dit à son maître : « Si vous voulez suivre mon conseil, votre fortune est faite : vous n'avez qu'à vous baigner dans la ri- vière à l'endroit que je vous montrerai, et ensuite me laisser faire. »

Le marquis de Carabas fit ce que son chat lui conseillait, sans savoir à quoi cela serait bon. Dans le temps qu'il se bai- gnait, le roi vint à passer, et le chat se mit à crier de toute sa force :

— Au secours ! au secours ! voilà monsieur le marquis de Carabas qui se noie !

À ce cri le roi mit la tête à la portière, et, reconnaissant le chat qui lui avait apporté tant de fois du gibier, il ordonna à ses gardes qu'on allât vite au secours de monsieur le marquis de Ca- rabas.

Pendant qu'on retirait le pauvre marquis de la rivière, le chat s'approcha du carrosse et dit au roi que, dans le temps que son maître se baignait, il était venu des voleurs qui avaient em- porté ses habits, quoiqu'il eût crié au voleur ! de toute sa force : le drôle les avait cachés sous une grosse pierre.

Le roi ordonna aussitôt aux officiers de sa garde-robe d'aller quérir un de ses plus beaux habits pour M. le marquis de Carabas. Le roi lui fit mille caresses, et, comme les beaux habits qu'on venait de lui donner relevaient sa bonne mine (car il était beau et bien fait de sa personne), la fille du roi le trouva fort à son gré, et le marquis de Carabas ne lui eut pas jeté deux ou trois regards fort respectueux, et un peu tendres, qu'elle en de- vint amoureuse à la folie.

Le roi voulut qu'il montât dans son carrosse, et qu'il fût de la promenade. Le chat, ravi de voir que son dessein commençait à réussir, prit les devants, et ayant rencontré des paysans qui fauchaient un pré, il leur dit : « Bonnes gens qui fauchez, si vous ne dites au roi que le pré que vous fauchez appartient à mon- sieur le marquis de Carabas, vous serez tous hachés menu comme chair à pâté. » Le roi ne manqua pas à demander aux faucheurs à qui était ce pré qu'ils fauchaient : « C'est à M. le marquis de Carabas, » dirent-ils tous ensemble, car la menace du chat leur avait fait peur.

« Vous avez là un bel héritage, dit le roi au marquis de Ca- rabas. — Vous voyez, sire, répondit le marquis ; c'est un pré qui ne manque point de rapporter abondamment toutes les an- nées. » Le maître chat, qui allait toujours devant, rencontra des moissonneurs, et leur dit : « Bonnes gens qui moissonnez, si vous ne dites que tous ces blés appartiennent à M. le marquis de Carabas, vous serez tous hachés menu comme chair à pâté. » Le roi, qui passa un moment après, voulut savoir à qui apparte- naient tous les blés qu'il voyait. « C'est à M. le marquis de Cara- bas, répondirent les moissonneurs, et le roi s'en réjouit encore avec le marquis. Le chat, qui allait devant le carrosse, disait tou- jours la même chose à tous ceux qu'il rencontrait, et le roi était étonné des grands biens de M. le marquis de Carabas.

Le maître chat arriva enfin dans un beau château, dont le maître était un ogre, le plus riche qu'on ait jamais vu ; car toutes les terres par où le roi avait passé étaient de la dépendance de ce château. Le chat, qui eut soin de s'informer qui était cet ogre, et ce qu'il savait faire, demanda à lui parler, disant qu'il n'avait pas voulu passer si près de son château, sans avoir l'honneur de lui faire la révérence. L'ogre le reçut aussi civilement que le peut un ogre, et le fit reposer. « On m'a assuré, dit le chat, que vous aviez le don de vous changer en toute sorte d'animaux ; que vous pouviez par exemple vous transformer en lion, en éléphant ? — Cela est vrai, répondit l'ogre brusquement, et pour vous le montrer, vous m'allez voir devenir lion. » Le chat fut si effrayé de voir un lion devant lui, qu'il gagna aussitôt les gouttières, non sans peine et sans péril, à cause de ses bottes qui ne valaient rien pour mar- cher sur les tuiles.

Quelques temps après, le chat, ayant vu que l'ogre avait quitté sa première forme, descendit et avoua qu'il avait eu bien peur. « On m'a assuré encore, dit le chat, mais je ne saurais le croire, que vous aviez aussi le pouvoir de prendre la forme des plus petits animaux, par exemple, de vous changer en un rat, en une souris ; je vous avoue que je tiens cela tout à fait impossible.

— Impossible ? reprit l'ogre, vous allez voir, » et en même temps il se changea en une souris, qui se mit à courir sur le plancher. Le chat ne l'eut pas plus tôt aperçue qu'il se jeta dessus, et la mangea.

Cependant le roi, qui vit en passant le beau château de l'ogre, voulut entrer dedans. Le chat, qui entendit le bruit du carrosse qui passait sur le pont-levis, courut au-devant et dit au roi : « Votre Majesté soit la bienvenue dans le château de mon- sieur le marquis de Carabas. — Comment, monsieur le marquis, s'écria le roi, ce château est encore à vous ! Il ne se peut rien de plus beau que cette cour et que tous ces bâtiments qui l'environ- nent ; voyons-les dedans, s'il vous plaît. »

Le marquis donna la main à la jeune princesse, et suivant le roi, qui montait le premier, ils entrèrent dans une grande salle, où ils trouvèrent une magnifique collation que l'ogre avait fait préparer pour ses amis qui le devaient venir voir ce même jour-là, mais qui n'avaient pas osé entrer, sachant que le roi y était. Le roi charmé des bonnes qualités de monsieur le marquis de Carabas, de même que sa fille qui en était folle, et voyant les grands biens qu'il possédait, lui dit, après avoir bu cinq ou six coups : « Il ne tiendra qu'à vous, monsieur le marquis, que vous ne soyez mon gendre. » Le marquis, faisant de grandes révé- rences, accepta l'honneur que lui faisait le roi, et, dès le même jour, il épousa la princesse. Le chat devint grand seigneur et ne courut plus après les souris que pour se divertir.

Moralité

Quelque grand soit l'avantage De jouir d'un riche héritage Venant à nous de père en fils,

Aux jeunes gens pour l'ordinaire, L'industrie et le savoir-faire

Valent mieux que des biens acquis.

Autre moralité

Si le fils d'un meunier, avec tant de vitesse, Gagne le cœur d'une princesse,

Et s'en fait regarder avec des yeux mourants, C'est que l'habit, la mine et la jeunesse,

Pour inspirer de la tendresse,

N'en sont pas des moyens toujours indifférents.

LES FÉES

Il était une fois une veuve qui avait deux filles : l'aînée lui ressemblait si fort d'humeur et de visage que, qui la voyait, voyait la mère. Elles étaient toutes deux si désagréables et si orgueilleuses qu'on ne pouvait vivre avec elles. La cadette, qui était le vrai portrait de son père pour la douceur et l'honnêteté, était avec cela une des plus belles filles qu'on eût su voir. Comme on aime naturellement son semblable, cette mère était folle de sa fille aînée, et, en même temps, avait une aversion ef- froyable pour la cadette. Elle la faisait manger à la cuisine et travailler sans cesse.

Il fallait, entre autre chose, que cette pauvre enfant allât, deux fois le jour, puiser de l'eau à une grande demi-lieue du lo- gis, et qu'elle en rapportât plein une grande cruche. Un jour qu'elle était à cette fontaine, il vint à elle une pauvre femme qui la pria de lui donner à boire. « Oui-dà, ma bonne mère, » dit cette belle fille ; et, rinçant aussitôt sa cruche, elle puisa de l'eau au plus bel endroit de la fontaine et la lui présenta, soutenant toujours la cruche afin qu'elle bût plus aisément. La bonne femme, ayant bu, lui dit :

« Vous êtes si belle, si bonne, et si honnête, que je ne puis m'empêcher de vous faire un don (car c'était une fée qui avait pris la forme d'une pauvre femme de village, pour voir jusqu'où irait l'honnêteté de cette jeune fille). Je vous donne pour don, poursuivit la fée, qu'à chaque parole que vous direz, il vous sor- tira de la bouche ou une fleur ou une pierre précieuse. »

Lorsque cette belle fille arriva au logis, sa mère la gronda de revenir si tard de la fontaine. « Je vous demande pardon, ma mère, dit cette pauvre fille, d'avoir tardé si longtemps ; » et, en disant ces mots, il lui sortit de la bouche deux roses, deux perles et deux gros diamants. « Que vois-je là ? dit sa mère toute éton- née ; je crois qu'il lui sort de la bouche des perles et des dia- mants. D'où vient cela, ma fille ? »

Ce fut là la première fois qu'elle l'appela sa fille.

La pauvre enfant lui raconta naïvement tout ce qui lui était arrivé, non sans jeter une infinité de diamants. « Vraiment, dit la mère, il faut que j'y envoie ma fille. Tenez, Fanchon, voyez ce qui sort de la bouche de votre sœur quand elle parle ; ne seriez- vous pas bien aise d'avoir le même don ? Vous n'avez qu'à aller puiser de l'eau à la fontaine, et quand une pauvre femme vous demandera à boire, lui en donner bien honnêtement. — Il me ferait beau voir, répondit la brutale, aller à la fontaine. — Je veux que vous y alliez, reprit la mère, et tout à l'heure. »

Elle y alla, mais toujours en grondant. Elle prit le plus beau flacon d'argent qui fût dans le logis. Elle ne fut pas plus tôt arri- vée à la fontaine qu'elle vit sortir du bois une dame magnifi- quement vêtue, qui vint lui demander à boire.

C'était la même fée qui avait apparu à sa sœur, mais qui avait pris l'air et les habits d'une princesse, pour voir jusqu'où irait la malhonnêteté de cette fille. « Est-ce que je suis ici venue, lui dit cette brutale orgueilleuse, pour vous donner à boire ? Justement j'ai apporté un flacon d'argent tout exprès pour don- ner à boire à madame ! j'en suis d'avis : buvez à même, si vous voulez. — Vous n'êtes guère honnête, reprit la fée, sans se mettre en colère. Eh bien !

puisque vous êtes si peu obligeante, je vous donne pour don qu'à chaque parole que vous direz il vous sortira de la bouche ou un serpent ou un crapaud. »

D'abord que sa mère l'aperçut, elle lui cria : « Eh bien ! ma fille ? — Eh bien ! ma mère ? lui répondit la brutale, en jetant deux vipères, et deux crapauds. — Ô ciel ! s'écria la mère, que vois-je là ? C'est sa sœur qui en est cause, elle me le paiera ; » et aussitôt elle courut pour la battre. La pauvre enfant s'enfuit et alla se sauver dans la forêt prochaine. Le fils du roi, qui revenait de la chasse, la rencontra, et, la voyant si belle, lui demanda ce qu'elle faisait là toute seule, et ce qu'elle avait à pleurer. « Hé- las ! monsieur, c'est ma mère qui m'a chassée du logis. »

Le fils du roi, qui vit sortir de sa bouche cinq ou six perles, et autant de diamants, la pria de lui dire d'où cela lui venait. Elle lui conta toute son aventure. Le fils du roi en devint amoureux, et, considérant qu'un tel don valait mieux que tout ce qu'on pouvait donner en mariage à un autre, l'emmena au palais du roi son père, où il l'épousa.

Pour sa sœur, elle se fit tant haïr que sa propre mère la chassa de chez elle ; et la malheureuse, après avoir bien couru, sans trouver personne qui voulût la recevoir, alla mourir au coin d'un bois.

Moralité

L'honnêteté coûte des soins,

Et veut un peu de complaisance, Mais tôt ou tard elle a sa récompense,

Et souvent dans le temps qu'on y pense le moins.

Autre moralité

Les diamants et les pistoles,

Peuvent beaucoup sur les esprits ; Cependant les douces paroles

Ont encor plus de force et sont d'un plus grand prix.

CENDRILLON OU LA PETITE PANTOUFLE DE VERRE

Il était une fois un gentilhomme qui épousa, en secondes noces, une femme, la plus hautaine et la plus fière qu'on eût ja- mais vue. Elle avait deux filles de son humeur et qui lui ressem- blaient en toutes choses. Le mari avait, de son côté, une jeune fille d'une douceur et d'une bonté sans exemple : elle tenait cela de sa mère, qui était la meilleure personne du monde.

Les noces ne furent pas plus tôt faites, que la belle-mère fit éclater sa mauvaise humeur ; elle ne put souffrir les belles quali- tés de cette jeune enfant, qui rendaient ses filles encore plus haïssables. Elle la chargea des plus viles occupations de la mai- son : c'était elle qui nettoyait la vaisselle et les montées, qui frot- tait la chambre de madame, et de mesdemoiselles ses filles ; elle couchait tout au haut de la maison, dans un grenier, sur une méchante paillasse, pendant que ses sœurs étaient dans des chambres parquetées, où elles avaient des lits les plus à la mode, des miroirs où elles se voyaient depuis les pieds jusqu'à la tête. La pauvre fille souffrait tout avec patience, et n'osait s'en plaindre à son père qui l'aurait grondée, parce que sa femme le gouvernait entièrement. Lorsqu'elle avait fait son ouvrage, elle s'allait mettre au coin de la cheminée, et s'asseoir dans les cendres, ce qui faisait qu'on l'appelait communément dans le logis Cucendron. La ca- dette, qui n'était pas si malhonnête que son aînée, l'appelait

Cendrillon. Cependant Cendrillon, avec ses méchants habits, ne laissait pas d'être cent fois plus belle que ses sœurs, quoique vê- tues très magnifiquement.

Il arriva que le fils du roi donna un bal, et qu'il en pria toutes les personnes de qualité. Nos deux demoiselles en furent aussi priées, car elles faisaient grande figure dans le pays. Les voilà bien aises et bien occupées à choisir les habits et les coif- fures qui leur siéraient le mieux. Nouvelle peine pour Cendril- lon, car c'était elle qui repassait le linge de ses sœurs et qui go- dronnait leurs manchettes. On ne parlait que de la manière dont on s'habillerait. « Moi, dit l'aînée, je mettrai mon habit de ve- lours rouge et ma garniture d'Angleterre. — Moi, dit la cadette, je n'aurai que ma jupe ordinaire ; mais en récompense, je mettrai mon manteau à fleurs d'or et ma barrière de diamants, qui n'est pas des plus indifférentes. » On envoya quérir la bonne coiffeuse, pour dresser les cor- nettes à deux rangs, et on fit acheter des mouches de la bonne faiseuse. Elles appelèrent Cendrillon pour lui demander son avis, car elle avait le goût bon. Cendrillon les conseilla le mieux du monde, et s'offrit même à les coiffer ; ce qu'elles voulurent bien.

En les coiffant, elles lui disaient : « Cendrillon, serais-tu bien aise d'aller au bal ? — Hélas, mesdemoiselles, vous vous moquez de moi, ce n'est pas là ce qu'il me faut. — Tu as raison, on rirait bien si on voyait un Cucendron aller au bal. »

Une autre que Cendrillon les aurait coiffées de travers ; mais elle était bonne, et elle les coiffa parfaitement bien. Elles furent près de deux jours sans manger, tant elles étaient trans- portées de joie. On rompit plus de douze lacets à force de les serrer pour leur rendre la taille plus menue, et elles étaient tou- jours devant leur miroir.

Enfin l'heureux jour arriva ; on partit, et Cendrillon les sui- vit des yeux le plus longtemps qu'elle put. Lorsqu'elle ne les vit plus, elle se mit à pleurer. Sa marraine, qui la vit toute en pleurs, lui demanda ce qu'elle avait. « Je voudrais bien… je vou- drais bien… » Elle pleurait si fort qu'elle ne put achever. Sa marraine, qui était fée, lui dit : « Tu voudrais bien aller au bal, n'est-ce pas ? — Hélas oui, dit Cendrillon en soupirant. — Eh bien ! serastu bonne fille ? dit sa marraine ; je t'y ferai aller » Elle la mena dans sa chambre, et lui dit : « Va dans le jardin et apporte-moi une citrouille. » Cendrillon alla aussitôt cueillir la plus belle qu'elle put trouver, et la porta à sa marraine, ne pouvant deviner comment cette citrouille la pourrait faire aller au bal. Sa marraine la creu- sa, et, n'ayant laissé que l'écorce, la frappa de sa baguette, et la citrouille fut aussitôt changée en un beau carrosse tout doré.

Ensuite elle alla regarder dans la souricière, où elle trouva six souris toutes en vie. Elle dit à Cendrillon de lever un peu la trappe de la souricière, et, à chaque souris qui sortait, elle lui donnait un coup de sa baguette, et la souris était aussitôt chan- gée en un beau cheval : ce qui fit un bel attelage de six chevaux, d'un beau gris de souris pommelé.

Comme elle était en peine de quoi elle ferait un cocher :

« Je vais voir, dit Cendrillon, s'il n'y a point quelque rat dans la ratière, nous en ferons un cocher. — Tu as raison, dit sa mar- raine, va voir. » Cendrillon lui apporta la ratière, où il y avait trois gros rats. La fée en prit un d'entre les trois, à cause de sa maîtresse barbe, et l'ayant touché, il fut changé en un gros co- cher, qui avait une des plus belles moustaches qu'on ait jamais vues. Ensuite elle lui dit : « Va dans le jardin, tu y trouveras six lézards derrière l'arrosoir, apporte-les-moi. Elle ne les eut pas plus tôt apportés que la marraine les changea en six laquais, qui montèrent aussitôt derrière le carrosse avec leurs habits cha- marrés, et qui s'y tenaient attachés, comme s'ils n'eussent fait autre chose toute leur vie.

La fée dit alors à Cendrillon : « Eh bien ! voilà de quoi aller au bal : n'es-tu pas bien aise ? — Oui, mais est-ce que j'irai comme cela avec mes vilains habits ? » Sa marraine ne fit que la toucher avec sa baguette, et en même temps ses habits furent changés en des habits d'or et d'argent, tout chamarrés de pierre- ries ; elle lui donna ensuite une paire de pantoufles de verre, les plus jolies du monde. Quand elle fut ainsi parée, elle monta en carrosse ; mais sa marraine lui recommanda sur toutes choses de ne pas passer minuit, l'avertissant que si elle demeurait au bal un moment davantage, son carrosse redeviendrait citrouille, ses chevaux des souris, ses laquais des lézards, et que ses vieux habits reprendraient leur première forme.

Elle promit à sa marraine qu'elle ne manquerait pas de sor- tir du bal avant minuit. Elle part, ne se sentant pas de joie. Le fils du roi, qu'on alla avertir qu'il venait d'arriver une grande princesse qu'on ne connaissait point, courut la recevoir ; il lui donna la main à la descente du carrosse, et la mena dans la salle où était la compagnie.

Il se fit alors un grand silence ; on cessa de danser, et les violons ne jouèrent plus, tant on était attentif à contempler les grandes beautés de cette inconnue. On n'entendait qu'un bruit confus :

« Ah ! qu'elle est belle ! » Le roi même, tout vieux qu'il était, ne laissait pas de la regarder et de dire tout bas à la reine qu'il y avait longtemps qu'il n'avait vu une si belle et si aimable per- sonne. Toutes les dames étaient attentives à considérer sa coif- fure et ses habits, pour en avoir dès le lendemain de semblables, pourvu qu'il se trouvât des étoffes assez belles, et des ouvriers assez habiles. Le fils du roi la mit à la place la plus honorable, et ensuite la prit pour la mener danser. Elle dansa avec tant de grâce, qu'on l'admira encore davantage. On apporta une fort belle col- lation, dont le jeune prince ne mangea point, tant il était occupé à la considérer. Elle alla s'asseoir auprès de ses sœurs et leur fit mille honnêtetés ; elle leur fit part des oranges et des citrons que le prince lui avait donnés ; ce qui les étonna fort, car elles ne la connaissaient point.

Lorsqu'elles causaient ainsi, Cendrillon entendit sonner onze heures trois quarts ; elle fit aussitôt une grande révérence à la compagnie, et s'en alla le plus vite qu'elle put. Dès qu'elle fut arrivée, elle alla trouver sa marraine, et après l'avoir remerciée, elle lui dit qu'elle souhaiterait bien aller encore le lendemain au bal, parce que le fils du roi l'en avait priée. Comme elle était oc- cupée à raconter à sa marraine tout ce qui s'était passé au bal, les deux sœurs heurtèrent à la porte, Cendrillon leur alla ouvrir.

« Que vous êtes longtemps à revenir ! » leur dit-elle en bâillant, en se frottant les yeux, et en s'étendant comme si elle n'eût fait que de se réveiller ; elle n'avait cependant pas eu envie de dor- mir depuis qu'elles s'étaient quittées. « Si tu étais venue au bal, lui dit une de ses sœurs, tu ne t'y serais pas ennuyée : il y est ve- nu la plus belle princesse, la plus belle qu'on puisse jamais voir ; elle nous a fait mille civilités ; elle nous a donné des oranges et des citrons. »

Cendrillon ne se sentait pas de joie : elle leur demanda le nom de cette princesse ; mais elles lui répondirent qu'on ne la connaissait pas, que le fils du roi en était fort en peine, et qu'il donnerait toute chose au monde pour savoir qui elle était. Cen- drillon sourit et leur dit : « Elle était donc bien belle ? Mon Dieu ! que vous êtes heureuses ! ne pourrais-je point la voir ? Hélas ! mademoiselle Javotte, prêtez-moi votre habit jaune que vous mettez tous les jours. — Vraiment, dit mademoiselle Ja- votte, je suis de cet avis ! prêtez votre habit à un vilain Cucen- dron comme cela ! il faudrait que je fusse bien folle. Cendrillon s'attendait bien à ce refus, et elle en fut bien aise ; car elle aurait été grandement embarrassée si sa sœur eût bien voulu lui prêter son habit.

Le lendemain les deux sœurs furent au bal, et Cendrillon aussi, mais encore plus parée que la première fois. Le fils du roi fut toujours auprès d'elle, et ne cessa de lui conter des douceurs. La jeune demoiselle ne s'ennuyait point, et oublia ce que sa marraine lui avait recommandé ; de sorte qu'elle entendit son- ner le premier coup de minuit, lorsqu'elle ne croyait pas qu'il fût encore onze heures : elle se leva et s'enfuit aussi légèrement qu'aurait fait une biche. Le prince la suivit, mais il ne put l'attraper. Elle laissa tomber une de ses pantoufles de verre, que le prince ramassa bien soigneusement. Cendrillon arriva chez elle, bien essoufflée, sans carrosse, sans laquais, et avec ses mé- chants habits ; rien ne lui étant resté de sa magnificence qu'une de ses petites pantoufles, la pareille de celle qu'elle avait laissé tomber. On demanda aux gardes de la porte du palais s'ils n'avaient point vu sortir une princesse : ils dirent qu'ils n'avaient vu sortir personne, qu'une jeune fille fort mal vêtue, et qui avait plus l'air d'une paysanne que d'une demoiselle. Quand les deux sœurs revinrent du bal, Cendrillon leur demanda si elles s'étaient encore bien diverties et si la belle dame y avait été ; elles lui dirent que oui, mais qu'elle s'était en- fuie lorsque minuit avait sonné, et si promptement qu'elle avait laissé tomber une de ses petites pantoufles de verre, la plus jolie du monde ; que le fils du roi l'avait ramassée, et qu'il n'avait fait que la regarder pendant tout le reste du bal, et qu'assurément il était fort amoureux de la belle personne à qui appartenait la pe- tite pantoufle.

Elles dirent vrai ; car, peu de jours après, le fils du roi fit publier, à son de trompe, qu'il épouserait celle dont le pied se- rait bien juste à la pantoufle. On commença à l'essayer aux prin- cesses, ensuite aux duchesses, et à toute la cour, mais inutile- ment. On l'apporta chez les deux sœurs, qui firent tout leur possible pour faire entrer leur pied dans la pantoufle, mais elles ne purent en venir à bout. Cendrillon qui les regardait, et qui re- connut sa pantoufle, dit en riant :

« Que je voie si elle ne me serait pas bonne ! Ses sœurs se mi- rent à rire et à se moquer d'elle. Le gentilhomme qui faisait l'essai de la pantoufle ayant regardé attentivement Cendrillon et la trouvant fort belle, dit que cela était très juste, et qu'il avait ordre de l'essayer à toutes les filles. Il fit asseoir Cendrillon, et approchant la pantoufle de son petit pied, il vit qu'elle y entrait sans peine, et qu'elle y était juste comme de cire. L'étonnement des deux sœurs fut grand, mais plus grand encore quand Cen- drillon tira de sa poche l'autre petite pantoufle qu'elle mit à son pied. Là-dessus arriva la marraine, qui ayant donné un coup de sa baguette sur les habits de Cendrillon, les fit devenir encore plus magnifiques que tous les autres.

Alors ses deux sœurs la reconnurent pour la belle personne qu'elles avaient vue au bal. Elles se jetèrent à ses pieds pour lui demander pardon de tous les mauvais traitements qu'elles lui avaient fait souffrir. Cendrillon les releva et leur dit, en les em- brassant, qu'elle leur pardonnait de bon cœur, et qu'elle les priait de l'aimer bien toujours. On la mena chez le jeune prince, parée comme elle était. Il la trouva encore plus belle que jamais, et peu de jours après, il l'épousa. Cendrillon, qui était aussi bonne que belle, fit loger ses deux sœurs au palais, et les maria dès le jour même à deux grands seigneurs de la cour.

Moralité

La beauté pour le sexe est un rare trésor ; De l'admirer jamais on ne se lasse ;

Mais ce qu'on nomme bonne grâce Est sans prix et vaut mieux encor.

C'est ce qu'à Cendrillon fit avoir sa marraine, En la dressant, en l'instruisant,

Tant et si bien qu'elle en fit une reine ; Car ainsi sur ce conte on va moralisant.

Belles, ce don vaut mieux que d'être bien coiffées ; Pour engager un cœur, pour en venir à bout,

La bonne grâce est le vrai don des fées ; Sans elle on ne peut rien, avec elle on peut tout.

Autre moralité

C'est sans doute un grand avantage D'avoir de l'esprit, du courage,

De la naissance, du bon sens, Et d'autres semblables talents, Qu'on reçoit du ciel en partage ; Mais vous aurez beau les avoir,

Pour votre avancement ce seront choses vaines, Si vous n'avez, pour les faire valoir,

Ou des parrains, ou des marraines.

RIQUET À LA HOUPPE

Il était une fois une reine qui accoucha d'un fils si laid et si mal fait, qu'on douta longtemps s'il avait forme humaine. Une fée qui se trouva à sa naissance, assura qu'il ne laisserait pas d'être aimable, parce qu'il aurait beaucoup d'esprit : elle ajouta même qu'il pourrait, en vertu du don qu'elle venait de lui faire, donner autant d'esprit qu'il en aurait à la personne qu'il aime- rait le mieux.

Tout cela consola un peu la pauvre reine, qui était bien af- fligée d'avoir mis au monde un si vilain marmot. Il est vrai que cet enfant ne commença pas plutôt à parler, qu'il dit mille jolies choses, et qu'il avait dans toutes ses actions je ne sais quoi de si spirituel, qu'on en était charmé. J'oubliais de dire qu'il vint au monde avec une petite houppe de cheveux sur la tête, ce qui fit qu'on le nomma Riquet à la Houppe, car Riquet était le nom de la famille.

Au bout de sept ou huit ans, la reine d'un royaume voisin accoucha de deux filles. La première qui vint au monde était plus belle que le jour ; la reine en fut si aise, qu'on appréhenda que la trop grande joie qu'elle en avait ne lui fit mal. La même fée qui avait assisté à la naissance du petit Riquet à la Houppe était présente, et, pour modérer la joie de la reine, elle lui décla- ra que cette petite princesse n'aurait point d'esprit, et qu'elle se- rait aussi stupide qu'elle était belle ; cela mortifia beaucoup la reine ; mais elle eut, quelques moments après, un bien plus grand chagrin ; car la seconde fille dont elle accoucha se trouva extrêmement laide. « Ne vous affligez point tant, madame, lui dit la fée, votre fille sera récompensée d'ailleurs, et elle aura tant d'esprit, qu'on ne s'apercevra presque pas qu'il lui manque de la beauté. — Dieu le veuille ! répondit la reine ; mais n'y aurait-il point moyen de faire avoir un peu d'esprit à l'aînée, qui est si belle ? — Je ne puis rien pour elle, madame, du côté de l'esprit, lui dit la fée ; mais je puis tout du côté de la beauté ; et, comme il n'y a rien que je ne veuille faire pour votre satisfaction, je vais lui donner pour don de pouvoir rendre beau ou belle la per- sonne qui lui plaira. »

À mesure que ces deux princesses devinrent grandes, leurs perfections crûrent aussi avec elles, et on ne parlait partout que de la beauté de l'aînée et de l'esprit de la cadette. Il est vrai que leurs défauts augmentèrent beaucoup avec l'âge. La cadette en- laidissait à vue d'œil, et l'aînée devenait plus stupide de jour en jour. Ou elle ne répondait rien à ce qu'on lui demandait, ou elle disait une sottise. Elle était avec cela si maladroite qu'elle n'eût pu ranger quatre porcelaines sur le bord d'une cheminée sans en casser une, ni boire un verre d'eau sans en répandre la moitié sur ses habits.

Quoique la beauté soit un grand avantage dans une jeune personne, cependant la cadette l'emportait presque toujours sur son aînée dans toutes les compagnies. D'abord on allait du côté de la plus belle pour la voir et pour l'admirer ; mais bientôt après on allait à celle qui avait le plus d'esprit, pour lui entendre dire mille choses agréables ; et on était étonné qu'en moins d'un quart d'heure l'aînée n'avait plus personne auprès d'elle, et que tout le monde s'était rangé autour de la cadette. L'aînée, quoique fort stupide, le remarqua bien, et elle eût donné sans regret toute sa beauté pour avoir la moitié de l'esprit de sa sœur. La reine, toute sage qu'elle était, ne put s'empêcher de lui repro- cher plusieurs fois sa bêtise : ce qui pensa faire mourir de dou- leur cette pauvre princesse. Un jour qu'elle s'était retirée dans un bois pour y plaindre son malheur, elle vit venir à elle un petit homme fort laid et fort désagréable, mais vêtu très magnifiquement. C'était le jeune prince Riquet à la Houppe, qui, étant devenu amoureux d'elle, sur ses portraits qui couraient par tout le monde, avait quitté le royaume de son père pour avoir le plaisir de la voir et de lui par- ler. Ravi de la rencontrer ainsi toute seule, il l'aborde, avec tout le respect et toute la politesse imaginable. Ayant remarqué, après lui avoir fait les compliments ordinaires, qu'elle était fort mélancolique, il lui dit : « Je ne comprends point, madame, comment une personne aussi belle que vous l'êtes peut être aus- si triste que vous le paraissez ; car, quoique je puisse me vanter d'avoir vu une infinité de belles personnes, je puis dire que je n'en ai jamais vu dont la beauté approche de la vôtre.

— Cela vous plaît à dire, monsieur, lui répondit la prin- cesse, et en demeura là. — La beauté, reprit Riquet à la Houppe, est un si grand avantage qu'il doit tenir lieu de tout le reste, et quand on le possède, je ne vois pas qu'il y ait rien qui puisse nous affliger beaucoup. — J'aimerais mieux, dit la princesse, être aussi laide que vous, et avoir de l'esprit, que d'avoir de la beauté comme j'en ai, et être bête autant que je le suis. — Il n'y a rien, madame, qui marque davantage qu'on a de l'esprit, que de croire n'en pas avoir, et il est de la nature de ce bien-là, que plus on en a, plus on croit en manquer. — Je ne sais pas cela, dit la princesse ; mais je sais bien que je suis fort bête, et c'est de là que vient le chagrin qui me tue. — Si ce n'est que cela, madame, qui vous afflige, je puis aisément mettre fin à votre douleur. — Et comment ferez- vous ? dit la princesse. — J'ai le pouvoir, ma- dame, dit Riquet à la Houppe, de donner de l'esprit autant qu'on en saurait avoir à la personne que je dois aimer le plus ; et comme vous êtes, madame, cette personne, il ne tiendra qu'à vous que vous n'ayez autant d'esprit qu'on en peut avoir, pourvu que vous vouliez bien m'épouser. » La princesse demeura toute interdite, et ne répondit rien.

« Je vois, reprit Riquet à la Houppe, que cette proposition vous fait de la peine, et je ne m'en étonne pas ; mais je vous donne un an tout entier pour vous y résoudre. » La princesse avait si peu d'esprit, et en même temps une si grande envie d'en avoir, qu'elle s'imagina que la fin de cette année ne viendrait jamais ; de sorte qu'elle accepta la proposition qui lui était faite. Elle n'eut pas plus tôt promis à Riquet à la Houppe qu'elle l'épouse- rait dans un an, à pareil jour, qu'elle se sentit tout autre qu'elle n'était auparavant : elle se trouva une facilité incroyable à dire tout ce qui lui plaisait, et à le dire d'une manière fine et aisée et naturelle. Elle commença dès ce moment une conversation ga- lante et soutenue avec Riquet à la Houppe, où elle brilla d'une telle force, que Riquet à la Houppe crut lui avoir donné plus d'esprit qu'il ne s'en était réservé pour lui-même.

Quand elle fut retournée au palais, toute la cour ne savait que penser d'un changement si subit et si extraordinaire ; car autant qu'on lui avait ouï dire d'impertinences auparavant, au- tant lui entendait-on dire des choses bien sensées et infiniment spirituelles. Toute la cour en eut une joie qui ne se peut imagi- ner ; il n'y eut que sa cadette qui n'en fut pas bien aise, parce que n'ayant plus sur son aînée l'avantage de l'esprit, elle ne pa- raissait plus auprès d'elle qu'une guenon fort désagréable.

Le roi se conduisait par ses avis, et allait même quelquefois tenir le conseil dans son appartement. Le bruit de ce change- ment s'étant répandu, tous les jeunes princes des royaumes voi- sins firent leurs efforts pour s'en faire aimer, et presque tous la demandèrent en mariage ; mais elle n'en trouvait point qui eût assez d'esprit, et elle les écoutait tous sans s'engager à pas un d'eux. Cependant il en vint un si puissant, si riche, si spirituel et si bien fait, qu'elle ne put s'empêcher d'avoir de la bonne volon- té pour lui. Son père s'en étant aperçu, lui dit qu'il la faisait la maîtresse sur le choix d'un époux, et qu'elle n'avait qu'à se dé- clarer.

Comme plus on a d'esprit et plus on a de peine à prendre une ferme résolution sur cette affaire, elle demanda, après avoir remercié son père, qu'il lui donnât du temps pour y penser.

Elle alla par hasard se promener dans le même bois où elle avait trouvé Riquet à la Houppe, pour rêver plus commodément à ce qu'elle avait à faire. Dans le temps qu'elle se promenait, rê- vant profondément, elle entendit un bruit sourd sous ses pieds, comme de plusieurs personnes qui vont et viennent et qui agissent. Ayant prêté l'oreille plus attentivement, elle ouït que l'un disait : « Apporte-moi cette marmite ; » l'autre : « Donne-moi cette chaudière ; » l'autre : « Mets du bois dans ce feu. » La terre s'ouvrit dans le même temps, et elle vit sous ses pieds comme une grande cuisine pleine de cuisiniers, de marmitons et de toutes sortes d'officiers nécessaires pour faire un festin ma- gnifique. Il en sortit une bande de vingt ou trente rôtisseurs, qui allèrent se camper dans une allée du bois autour d'une table fort longue, et qui tous, la lardoire à la main, et la queue de renard sur l'oreille, se mirent à travailler en cadence au son d'une chanson harmonieuse. La princesse, étonnée de ce spectacle, leur demanda pour qui ils travaillaient. « C'est, madame, lui répondit le plus appa- rent de la bande, pour le prince Riquet à la Houppe, dont les noces se feront demain. » La princesse, encore plus surprise qu'elle ne l'avait été, et se ressouvenant tout à coup qu'il y avait un an à pareil jour elle avait promis d'épouser le prince Riquet à la Houppe, elle pensa tomber de son haut. Ce qui faisait qu'elle ne s'en souvenait pas, c'est que, quand elle fit cette promesse, elle était bête, et qu'en prenant le nouvel esprit que le prince lui avait donné, elle avait oublié toutes ses sottises.

Elle n'eut pas fait trente pas en continuant sa promenade, que Riquet à la Houppe se présenta à elle, brave, magnifique, et comme un prince qui va se marier. « Vous me voyez, dit- il, ma- dame, exact à tenir ma parole, et je ne doute point que vous ne veniez ici pour exécuter la vôtre et me rendre, en me donnant la main, le plus heureux des hommes.

—Je vous avouerai franchement, répondit la princesse, que je n'ai pas encore pris ma résolution là-dessus, et que je ne crois pas pouvoir jamais la prendre telle que vous la souhaitez. — Vous m'étonnez, madame, lui dit Riquet à la Houppe. — Je le crois, dit la princesse, et assurément si j'avais affaire à un bru- tal, à un homme sans esprit, je me trouverais bien embarrassée. Une princesse n'a que sa parole, me dirait-il, et il faut que vous m'épousiez, puisque vous me l'avez promis ; mais, comme celui à qui je parle est l'homme du monde qui a le plus d'esprit, je suis sûre qu'il entendra raison. Vous savez que, quand je n'étais qu'une bête, je ne pouvais néanmoins me résoudre à vous épou- ser ; comment voulez-vous qu'ayant l'esprit que vous m'avez donné, qui me rend encore plus difficile en gens que je n'étais, je prenne aujourd'hui une résolution que je n'ai pu prendre dans ce temps-là ? Si vous pensiez tout de bon à m'épouser, vous avez eu grand tort de m'ôter ma bêtise, et de me faire voir plus clair que je ne voyais.

—Si un homme sans esprit, répondit Riquet à la Houppe, serait bien reçu, comme vous venez de le dire, à vous reprocher votre manque de parole, pourquoi voulez-vous, madame, que je n'en use pas de même, dans une chose où il y va de tout le bon- heur de ma vie ? Est-il raisonnable que les personnes qui ont de l'esprit soient d'une pire condition que ceux qui n'en ont pas ? Le pouvez-vous prétendre, vous qui en avez tant, et qui avez tant souhaité d'en avoir ? Mais venons au fait, s'il vous plaît. À la réserve de ma laideur, y a-t-il quelque chose en moi qui vous déplaise ? Êtes-vous mal contente de ma naissance, de mon es- prit, de mon humeur, et de mes manières ? — Nullement, ré- pondit la princesse, j'aime en vous tout ce que vous venez de me dire. — Si cela est ainsi, reprit Riquet à la Houppe, je vais être heureux, puisque vous pouvez me rendre le plus aimable de tous les hommes. — Comment cela se peut-il faire ? lui dit la princesse. — Cela se fera, répondit Riquet à la Houppe, si vous m'aimez assez pour souhaiter que cela soit ; et afin, madame, que vous n'en doutiez pas, sachez que la même fée qui au jour de ma naissance me fit le don de pouvoir rendre spirituelle la personne qu'il me plairait, vous a aussi fait le don de pouvoir rendre beau celui que vous aimerez, et à qui vous voudrez bien faire cette faveur.

—Si la chose est ainsi, dit la princesse, je souhaite de tout mon cœur que vous deveniez le prince du monde le plus beau et le plus aimable, et je vous en fais le don autant qu'il est en moi.

La princesse n'eut pas plus tôt prononcé ces paroles, que Riquet à la Houppe parut, à ses yeux, l'homme du monde le plus beau, le mieux fait et le plus aimable qu'elle eût jamais vu. Quelques-uns assurent que ce ne furent point les charmes de la fée qui opérèrent, mais que l'amour seul fit cette métamor- phose. Ils disent que la princesse ayant fait réflexion sur la per- sévérance de son amant, sur sa discrétion, et sur toutes les bonnes qualités de son âme et de son esprit, ne vit plus la dif- formité de son corps, ni la laideur de son visage, que sa bosse ne lui sembla plus que le bon air d'un homme qui fait le gros dos, et qu'au lieu que jusqu'alors elle l'avait vu boiter effroyable- ment, elle ne lui trouva plus qu'un certain air penché qui la charmait ; ils disent encore que ses yeux, qui étaient louches, ne lui en parurent que plus brillants, que leur dérèglement passa dans son esprit pour la marque d'un violent excès d'amour, et qu'enfin son gros nez rouge eut pour elle quelque chose de mar- tial et d'héroïque.

Quoi qu'il en soit, la princesse lui promit sur-le-champ de l'épouser, pourvu qu'il en obtînt le consentement du roi son père. Le roi ayant su que sa fille avait beaucoup d'estime pour Riquet à la Houppe, qu'il connaissait d'ailleurs pour un prince très spirituel et très sage, le reçut avec plaisir pour son gendre. Dès le lendemain les noces furent faites, ainsi que Riquet à la Houppe l'avait prévu, et selon les ordres qu'il en avait donnés longtemps auparavant.

Moralité

Ce que l'on voit dans cet écrit,

Est moins un conte en l'air que la vérité même.

Tout est beau dans ce que l'on aime, Tout ce qu'on aime a de l'esprit.

Autre moralité

Dans un objet où la Nature,

Aura mis de beaux traits, et la vive peinture D'un teint où jamais l'art ne saurait arriver,

Tous ces dons pourront moins, pour rendre un cœur sensible, Qu'un seul agrément invisible

Que l'amour y fera trouver.

LE PETIT POUCET

Il était une fois un bûcheron et une bûcheronne qui avaient sept enfants, tous garçons. L'aîné n'avait que dix ans, et le plus jeune n'en avait que sept. On s'étonnera que le bûcheron ait eu tant d'enfants en si peu de temps ; mais c'est que sa femme al- lait vite en besogne, e n'en faisait pas moins que deux à la fois.

Ils étaient fort pauvres, et leurs sept enfants les incommo- daient beaucoup, parce qu'aucun d'eux ne pouvait encore ga- gner sa vie. Ce qui les chagrinait encore, c'est que le plus jeune était fort délicat et ne disait mot ; prenant pour bêtise ce qui était une marque de la bonté de son esprit. Il était fort petit, et quand il vint au monde, il n'était guère plus gros que le pouce, ce qui fit que l'on l'appela le petit Poucet.

Ce pauvre enfant était le souffredouleurs de la maison, et on lui donnait toujours tort. Cependant il était le plus fin, et le plus avisé de tous ses frères, et s'il parlait peu, il écoutait beau- coup.

Il vint une année très fâcheuse, et la famine fut si grande, que ces pauvres gens résolurent de se défaire de leurs enfants. Un soir que ces enfants étaient couchés, et que le bûcheron était auprès du feu avec sa femme, il lui dit, le cœur serré de dou- leur : « Tu vois bien que nous ne pouvons plus nourrir nos en- fants ; je ne saurais les voir mourir de faim devant mes yeux, et je suis résolu de les mener perdre demain au bois, ce qui sera bien aisé ; car tandis qu'ils s'amuseront à fagoter, nous n'avons qu'à nous enfuir sans qu'ils nous voient. — Ah ! s'écria la bûche- ronne, pourrais-tu bien toi-même mener perdre tes enfants ? »

Son mari avait beau lui représenter leur grande pauvreté, elle ne pouvait y consentir ; elle était pauvre, mais elle était leur mère. Cependant ayant considéré quelle douleur ce lui serait de les voir mourir de faim, elle y consentit, et alla se coucher en pleurant.

Le petit Poucet ouït tout ce qu'ils dirent, car ayant entendu de dedans son lit qu'ils parlaient d'affaires, il s'était levé douce- ment, et s'était glissé sous l'escabelle de son père pour les écouter sans être vu. Il alla se recoucher et ne dormit point le reste de la nuit, songeant à ce qu'il avait à faire. Il se leva de bon matin, et alla au bord d'un ruisseau où il emplit ses poches de petits cailloux blancs, et ensuite revint à la maison. On partit, et le petit Poucet ne découvrit rien de tout ce qu'il savait à ses frères.

Ils allèrent dans une forêt fort épais- se, où à dix pas de distance on ne se voyait pas l'un l'autre. Le bûcheron se mit à cou- per du bois et ses enfants à ramasser les broutilles pour faire des fagots. Le père et la mère, les voyant occupés à travailler, s'éloignèrent d'eux insensiblement, et puis s'enfuirent tout à coup par un petit sentier détourné. Lorsque ces enfants se virent seuls, ils se mirent à crier et à pleurer de toute leur force.

Le petit Poucet les laissait crier, sa- chant bien par où il reviendrait à la mai- son ; car en marchant il avait laissé tomber le long du chemin les petits cailloux blancs qu'il avait dans ses poches. Il leur dit donc :« Ne craignez point, mes frères ; mon père et ma mère nous ont laissés ici, mais je vous ramènerai bien au logis, suivez-moi seulement. »

Ils le suivirent, et il les mena jusqu'à leur maison par le même chemin qu'ils étaient venus dans la forêt. Ils n'osèrent d'abord entrer, mais ils se mirent tous contre la porte pour écouter ce que disaient leur père et leur mère.

Dans le moment que le bûcheron et la bûcheronne arrivè- rent chez eux, le seigneur du village leur envoya dix écus qu'il leur devait il y avait longtemps, et dont ils n'espéraient plus rien. Cela leur redonna la vie, car les pauvres gens mouraient de faim. Le bûcheron envoya sur l'heure sa femme à la boucherie. Comme il y avait longtemps qu'elle n'avait mangé, elle acheta trois fois plus de viande qu'il n'en fallait pour le souper de deux personnes. Lorsqu'ils furent rassasiés, la bûcheronne dit : « Hé- las ! où sont maintenant nos pauvres enfants ? Ils feraient bonne chère de ce qui nous reste là. Mais aussi, Guillaume, c'est toi qui les as voulu perdre ; j'avais bien dit que nous nous en re- pentirions. Que font-ils maintenant dans cette forêt ? Hélas ! mon Dieu, les loups les ont peut-être déjà mangés ! Tu es bien inhumain d'avoir perdu ainsi tes enfants.

Le bûcheron s'impatienta à la fin, car elle redit plus de vingt fois qu'ils s'en repentiraient et qu'elle l'avait bien dit. Il la menaça de la battre si elle ne se taisait. Ce n'est pas que le bû- cheron ne fût peut-être encore plus fâché que sa femme, mais c'est qu'elle lui rompait la tête, et qu'il était de l'humeur de beaucoup d'autres gens, qui aiment fort les femmes qui disent bien, mais qui trouvent très importunes celles qui ont toujours bien dit. La bûcheronne était toute en pleurs : « Hélas ! où sont maintenant mes enfants, mes pauvres enfants ? » Elle le dit une fois si haut que les enfants qui étaient à la porte, l'ayant entendu, se mirent à crier tous ensemble : « Nous voilà, nous voilà ! » Elle courut vite leur ouvrir la porte, et leur dit en les embras- sant : « Que je suis aise de vous revoir, mes chers enfants ! Vous êtes bien las, et vous avez bien faim ; et toi Pierrot, comme te voilà crotté, viens que je te débarbouille. » Ce Pierrot était son fils aîné qu'elle aimait plus que tous les autres, parce qu'il était un peu rousseau, et qu'elle était un peu rousse. Ils se mirent à table, et mangèrent d'un appétit qui faisait plaisir au père et à la mère, à qui ils racontaient la peur qu'ils avaient eue dans la forêt en parlant presque toujours tous en- semble. Ces bonnes gens étaient ravis de revoir leurs enfants avec eux, et cette joie dura tant que les dix écus durèrent. Mais lorsque l'argent fut dépensé, ils retombèrent dans leur premier chagrin, et résolurent de les perdre encore, et pour ne pas man- quer leur coup, de les mener bien plus loin que la première fois.

Ils ne purent parler de cela si secrètement qu'ils ne fussent entendus par le petit Poucet, qui fit son compte de sortir d'affai- re comme il avait déjà fait ; mais quoiqu'il se fût levé de bon ma- tin pour aller ramasser des petits cailloux, il ne put en venir à bout, car il trouva la porte de la maison fermée à double tour. Il ne savait que faire, lorsque la bûcheronne leur ayant donné à chacun un morceau de pain pour leur déjeuner, il songea qu'il pourrait se servir de son pain au lieu de cailloux en le jetant par miettes le long des chemins où ils passeraient ; il le serra donc dans sa poche.

Le père et la mère les menèrent dans l'endroit de la forêt le plus épais et le plus obscur, et dès qu'ils y furent, ils gagnèrent un faux-fuyant et les laissèrent là. Le petit Poucet ne s'en cha- grina pas beaucoup, parce qu'il croyait retrouver aisément son chemin par le moyen de son pain qu'il avait semé partout où il avait passé ; mais il fut bien surpris lorsqu'il ne put en retrouver une seule miette ; les oiseaux étaient venus qui avaient tout mangé.   Les voilà donc bien affligés, car plus ils marchaient, plus ils s'égaraient et s'enfonçaient dans la forêt. La nuit vint, et il s'éleva un grand vent qui leur faisait des peurs épouvantables. Ils croyaient n'entendre de tous côtés que des hurlements de loups qui venaient à eux pour les manger. Ils n'osaient presque se parler ni tourner la tête. Il survint une grosse pluie qui les perça jusqu'aux os ; ils glissaient à chaque pas et tombaient dans la boue, d'où ils se relevaient tout crottés, ne sachant que faire de leurs mains.

Le petit Poucet grimpa au haut d'un arbre pour voir s'il ne découvrirait rien ; ayant tourné la tête de tous côtés, il vit une petite lueur comme d'une chandelle, mais qui était bien loin par-delà la forêt. Il descendit de l'arbre ; et lorsqu'il fut à terre, il ne vit plus rien ; cela   le désola.

Cependant, ayant marché quelque temps avec ses frères du côté qu'il avait vu la lumière, il la revit en sor- tant du bois.

Ils arrivèrent enfin à la maison où était cette chandelle, non sans bien des frayeurs, car souvent ils la perdaient de vue, ce qui leur arrivait toutes les fois qu'ils descendaient dans quelques fonds. Ils heurtèrent à la porte, et une bonne femme vint leur ouvrir. Elle leur demanda ce qu'ils voulaient ; le petit Poucet lui dit qu'ils étaient de pauvres enfants qui s'étaient perdus dans la forêt, et qui demandaient à coucher par charité. Cette femme les voyant tous si jolis se mit à pleurer, et leur dit : « Hélas ! mes pauvres enfants, où êtes-vous venus ? Savez-vous bien que c'est ici la maison d'un ogre qui mange les petits enfants ? — Hélas ! madame, lui répondit le petit Poucet, qui tremblait de toute sa force aussi bien que ses frères, que ferons-nous ? Il est bien sûr que les loups de la forêt ne manqueront pas de nous manger cette nuit, si vous ne voulez pas nous retirer chez vous. Et cela étant, nous aimons mieux que ce soit l'ogre qui nous mange ; peut-être qu'il aura pitié de nous, si vous voulez bien l'en prier. »

La femme de l'ogre qui crut qu'elle pourrait les cacher à son mari jusqu'au lendemain matin, les laissa entrer et les mena se chauffer auprès d'un bon feu ; car il y avait un mouton tout entier à la broche pour le souper de l'ogre.

Comme ils commençaient à se chauffer, ils entendirent heurter trois ou quatre grands coups à la porte : c'était l'ogre qui revenait. Aussitôt sa femme les fit cacher sous le lit et alla ouvrir la porte. L'ogre demanda d'abord si le souper était prêt, et si on avait tiré du vin, et aussitôt se mit à table. Le mouton était en- core tout sanglant, mais il ne lui en sembla que meilleur. Il fleu- rait à droite et à gauche, disant qu'il sentait la chair fraîche. « Il faut, lui dit sa femme, que ce soit ce veau que je viens d'habiller, que vous sentez. — Je sens la chair fraîche, te dis-je encore une fois, reprit l'ogre, en regardant sa femme de travers, et il y a ici quelque chose que je n'entends pas. » En disant ces mots, il se leva de table, et alla droit au lit.

« Ah, dit-il, voilà donc comme tu veux me tromper, mau- dite femme ! Je ne sais à quoi il tient que je ne te mange aussi ; bien t'en prend d'être une vieille bête. Voilà du gibier qui me vient bien à propos pour traiter trois ogres de mes amis qui doi- vent me venir voir ces jours ici.   Il les tira de dessous le lit l'un après l'autre. Ces pauvres en- fants se mirent à genoux en lui demandant pardon ; mais ils avaient à faire au plus cruel de tous les ogres, qui bien loin d'avoir de la pitié les dévorait déjà des yeux, et disait à sa femme que ce serait là de friands morceaux lorsqu'elle leur aurait fait une bonne sauce.   Il alla prendre un grand couteau, et en approchant de ces pauvres enfants, il l'aiguisait sur une longue pierre qu'il tenait à sa main gauche. Il en avait déjà empoigné un, lorsque sa femme lui dit : « Que voulez-vous faire à l'heure qu'il est ? N'aurez-vous pas assez de temps demain matin ? — Tais-toi, reprit l'ogre, ils en seront plus mortifiés. — Mais vous avez encore là tant de viande, reprit sa femme ; voilà un veau, deux moutons et la moi- tié d'un cochon ! — Tu as raison, dit l'ogre ; donne-leur bien à souper, afin qu'ils ne maigrissent pas, et va les mener coucher. »

La bonne femme fut ravie de joie, et leur porta bien à sou- per, mais ils ne purent manger tant ils étaient saisis de peur. Pour l'ogre, il se remit à boire, ravi d'avoir de quoi si bien réga- ler ses amis. Il but une douzaine de coups plus qu'à l'ordinaire ; ce qui lui donna un peu dans la tête, et l'obligea de s'aller cou- cher.

L'ogre avait sept filles, qui n'étaient encore que des enfants. Ces petites ogresses avaient toutes le teint fort beau, parce qu'elles mangeaient de la chair fraîche comme leur père ; mais elles avaient de petits yeux gris et tout ronds, le nez crochu et une fort grande bouche avec de longues dents fort aiguës et fort éloignées l'une de l'autre. Elles n'étaient pas encore fort mé- chantes ; mais elles promettaient beaucoup, car elles mordaient déjà les petits enfants pour en sucer le sang.

On les avait fait coucher de bonne heure, et elles étaient toutes sept dans un grand lit, ayant chacune une couronne d'or sur la tête. Il y avait dans la même chambre un autre lit de la même grandeur ; ce fut dans ce lit que la femme de l'ogre mit coucher les sept petits garçons ; après quoi, elle s'alla coucher auprès de son mari.   Le petit Poucet qui avait remarqué que les filles de l'ogre avaient des couronnes d'or sur la tête, et qui craignait qu'il ne prît à l'ogre quelque remords de ne les avoir pas égorgés dès le soir même, se leva vers le milieu de la nuit, et prenant les bon- nets de ses frères et le sien, il alla tout doucement les mettre sur la tête des sept filles de l'ogre, après leur avoir ôté leurs cou- ronnes d'or qu'il mit sur la tête de ses frères et sur la sienne, afin que l'ogre les prît pour ses filles, et ses filles pour les garçons qu'il voulait égorger. La chose réussit comme il l'avait pensé ; car l'ogre s'étant éveillé sur le minuit eut regret d'avoir différé au lendemain ce qu'il pouvait exécuter la veille ; il se jeta donc brusquement hors du lit, et prenant son grand couteau : « Al- lons voir, dit-il, comment se portent nos petits drôles ; n'en fai- sons pas à deux fois. »

Il monta donc à tâtons à la chambre de ses filles et s'appro- cha du lit où étaient les petits garçons, qui dormaient tous, ex- cepté le petit Poucet, qui eut bien peur lorsqu'il sentit la main de l'ogre qui lui tâtait la tête, comme il avait tâté celles de tous ses frères. L'ogre, qui sentit les couronnes d'or : « Vraiment, dit-il, j'allais faire là un bel ouvrage ; je vois bien que je bus trop hier au soir. » Il alla ensuite au lit de ses filles, où ayant senti les pe- tits bonnets des garçons : « Ah ! les voilà, dit-il, nos gaillards ! travaillons hardiment. » En disant ces mots, il coupa sans ba- lancer la gorge à ses sept filles. Fort content de cette expédition, il alla se recoucher auprès de sa femme.   Aussitôt que le petit Poucet entendit ronfler l'ogre, il réveil- la ses frères, et leur dit de s'habiller promptement et de le suivre. Ils descendirent doucement dans le jardin, et sautèrent par-dessus les murailles. Ils coururent presque toute la nuit, toujours en tremblant et sans savoir où ils allaient.

L'ogre s'étant éveillé dit à sa femme : « Va-t'en là-haut ha- biller ces petits drôles d'hier au soir. L'ogresse fut fort étonnée de la bonté de son mari, ne se doutant point de la manière qu'il entendait qu'elle les habillât, et croyant qu'il lui ordonnait de les aller vêtir, elle monta en haut où elle fut bien surprise lors- qu'elle aperçut ses sept filles égorgées et nageant dans leur sang.

Elle commença par s'évanouir (car c'est le premier expé- dient que trouvent presque toutes les femmes en pareilles ren- contres). L'ogre, craignant que sa femme ne fût trop longtemps à faire la besogne dont il l'avait chargée, monta en haut pour lui aider. Il ne fut pas moins étonné que sa femme lorsqu'il vit cet affreux spectacle. « Ah ! qu'ai-je fait là ? s'écria-t-il. Ils me le payeront, les malheureux, et tout à l'heure. »

Il jeta aussitôt une potée d'eau dans le nez de sa femme et l'ayant fait revenir : « Donne-moi vite mes bottes de sept lieues, lui dit-il, afin que j'aille les attraper. » Il se mit en campagne, et après avoir couru bien loin de tous côtés, enfin il entra dans le chemin où marchaient ces pauvres enfants qui n'étaient plus qu'à cent pas du logis de leur père. Ils virent l'ogre qui allait de montagne en montagne, et qui traversait des rivières aussi ai- sément qu'il aurait fait le moindre ruisseau. Le petit Poucet, qui vit un rocher creux proche le lieu où ils étaient, y fit cacher ses six frères, et s'y fourra aussi, regardant toujours ce que l'ogre deviendrait. L'ogre qui se trouvait fort las du long chemin qu'il avait fait inutilement (car les bottes de sept lieues fatiguent fort leur homme), voulut se reposer, et par hasard il alla s'asseoir sur la roche où les petits garçons s'étaient cachés.

Comme il n'en pouvait plus de fatigue, il s'endormit après s'être reposé quelque temps, et vint à ronfler si effroyablement que les pauvres enfants n'en eurent pas moins de peur que quand il tenait son grand couteau pour leur couper la gorge. Le petit Poucet en eut moins de peur, et dit à ses frères de s'enfuir promptement à la maison pendant que l'ogre dormait bien fort, et qu'ils ne se missent point en peine de lui. Ils crurent son con- seil, et gagnèrent vite la maison.

Le petit Poucet s'étant approché de l'ogre lui tira douce- ment ses bottes, et les mit aussitôt.

Les bottes étaient fort grandes et fort larges ; mais, comme elles étaient fées, elles avaient le don de s'agrandir et de s'ape- tisser selon la jambe de celui qui les chaussait, de sorte qu'elles se trouvèrent aussi justes à ses pieds et à ses jambes que si elles avaient été faites pour lui.   Il alla droit à la maison de l'ogre où il trouva sa femme qui pleurait auprès de ses filles égorgées. « Votre mari, lui dit le petit Poucet, est en grand danger ; car il a été pris par une troupe de voleurs qui ont juré de le tuer s'il ne leur donne tout son or et tout son argent. Dans le moment qu'ils lui tenaient le poignard sur la gorge, il m'a aperçu et m'a prié de vous venir avertir de l'état où il est, et de vous dire de me donner tout ce qu'il a vail- lant, sans en rien retenir, parce qu'autrement ils le tueront sans miséricorde. Comme la chose presse beaucoup, il a voulu que je prisse ses bottes de sept lieues que voilà pour faire diligence, et aussi afin que vous ne croyiez pas que je sois un affronteur. »

La bonne femme, fort effrayée, lui donna aussitôt tout ce qu'elle avait : car cet ogre ne laissait pas d'être fort bon mari, quoiqu'il mangeât les petits enfants. Le petit Poucet étant donc chargé de toutes les richesses de l'ogre s'en revint au logis de son père, où il fut reçu avec bien de la joie.

Il y a bien des gens qui ne demeurent pas d'accord de cette dernière circonstance, et qui prétendent que le petit Poucet n'a jamais fait ce vol à l'ogre ; qu'à la vérité, il n'avait pas fait cons- cience de lui prendre ses bottes de sept lieues, parce qu'il ne s'en servait que pour courir après les petits enfants. Ces gens-là as- surent le savoir de bonne part, et même pour avoir bu et mangé dans la maison du bûcheron. Ils assurent que lorsque le petit Poucet eut chaussé les bottes de l'ogre, il s'en alla à la cour, où il savait qu'on était fort en peine d'une armée qui était à deux cents lieues de là, et du succès d'une bataille qu'on avait donnée. Il alla, disent-ils, trouver le roi, et lui dit que s'il le souhaitait, il lui rapporterait des nouvelles de l'armée avant la fin du jour. Le roi lui promit une grosse somme d'argent s'il en venait à bout. Le petit Poucet rapporta des nouvelles dès le soir même, et cette première course l'ayant fait connaître, il gagnait tout ce qu'il voulait ; car le roi le payait parfaitement bien pour porter ses ordres à l'armée, et une infinité de dames lui donnaient tout ce qu'il voulait pour avoir des nouvelles de leurs amants, et ce fut là son plus grand gain. Il se trouvait quelques femmes qui le chargeaient de lettres pour leurs maris, mais elles le payaient si mal, et cela allait à si peu de chose, qu'il ne daignait mettre en ligne de compte ce qu'il gagnait de ce côté-là.

Après avoir fait pendant quelque temps le métier de cour- rier, et y avoir amassé beaucoup de bien, il revint chez son père, où il n'est pas possible d'imaginer la joie qu'on eut de le revoir. Il mit toute sa famille à son aise. Il acheta des offices de nou- velle création pour son père et pour ses frères ; et par là il les établit tous, et fit parfaitement bien sa cour en même temps.

Moralité

On ne s'afflige point d'avoir beaucoup d'enfants ; Quand ils sont tous beaux, bien faits et bien grands,

Et d'un extérieur qui brille ;

Mais si l'un d'eux est faible, ou ne dit mot, On le méprise, on le raille, on le pille ;

Quelquefois, cependant, c'est ce petit marmot Qui fera le bonheur de toute la famille.

PEAU D'ÂNE

Il était une fois un roi si grand, si aimé de ses peuples, si respecté de tous ses voisins et de ses alliés, qu'on pouvait dire qu'il était le plus heureux de tous les monarques. Son bonheur était encore confirmé par le choix qu'il avait fait d'une princesse aussi belle que vertueuse ; et les heureux époux vivaient dans une union parfaite. De leur mariage était née une fille, douée de tant de grâce et de charmes, qu'ils ne regrettaient pas de n'avoir pas une plus grande lignée.

La magnificence, le goût et l'abondance régnaient dans son palais ; les ministres étaient sages et habiles ; les courtisans, vertueux et attachés ; les domestiques, fidèles et laborieux ; les écuries, vastes et remplies des plus beaux chevaux du monde, couverts de riches caparaçons.

Mais ce qui étonnait les étrangers qui venaient admirer ces belles écuries, c'est qu'au lieu le plus apparent un maître âne étalait de longues et grandes oreilles. Ce n'était pas par fantai- sie, mais avec raison, que le roi lui avait donné une place parti- culière et distinguée. Les vertus de ce rare animal méritaient cette distinction, puisque la nature l'avait formé si extraordi- naire que sa litière, au lieu d'être malpropre, était couverte, tous les matins, avec profusion, de beaux écus au soleil et de louis d'or de toute espèce, qu'on allait recueillir à son réveil.

Or, comme les vicissitudes de la vie s'étendent aussi bien sur les rois que sur les sujets, et que toujours les biens sont mê- lés de quelques maux, le Ciel permit que la reine fût tout à coup attaquée d'une âpre maladie, pour laquelle, malgré la science et l'habileté des médecins, on ne put trouver aucun secours. La dé- solation fut générale. Le roi, sensible et amoureux, malgré le proverbe fameux qui dit que l'hymen est le tombeau de l'amour, s'affligeait sans modération, faisait des vœux ardents à tous les temples de son royaume, offrait sa vie pour celle d'une épouse si chère ; mais les dieux et les fées étaient invoqués en vain.

La reine, sentant sa dernière heure approcher, dit à son époux qui fondait en larmes : « Trouvez bon, avant que je meure, que j'exige une chose de vous : c'est que s'il vous prenait envie de vous remarier… » À ces mots, le roi fit des cris pi- toyables, prit les mains de sa femme, les baigna de pleurs, et, l'assurant qu'il était superflu de lui parler d'un second mariage :

« Non, non, dit-il enfin, ma chère reine, parlez-moi plutôt de vous suivre. — L'État, reprit la reine avec une fermeté qui aug- mentait les regrets de ce prince, l'État doit exiger des succes- seurs et, comme je ne vous ai donné qu'une fille, vous presser d'avoir des fils qui vous ressemblent ; mais je vous demande instamment, par tout l'amour que vous avez eu pour moi, de ne céder à l'empressement de vos peuples que lorsque vous aurez trouvé une princesse plus belle et mieux faite que moi ; j'en veux votre serment et alors je mourrai contente. »

On présume que la reine, qui ne manquait pas d'amour- propre, avait exigé ce serment, ne croyant pas qu'il fût au monde personne qui pût l'égaler, pensant bien que c'était s'assurer que le roi ne se remarierait jamais. Enfin elle mourut.

Jamais mari ne fit tant de vacarme : pleurer, sangloter jour et nuit, menus droits du veuvage, furent son unique occupation. Les grandes douleurs ne durent pas. D'ailleurs, les grands de l'État s'assemblèrent, et vinrent en corps prier le roi de se remarier. Cette première proposition lui parut dure et lui fit ré- pandre de nouvelles larmes. Il allégua le serment qu'il avait fait à la reine, défiant tous ses conseillers de pouvoir trouver une princesse plus belle et mieux faite que feu sa femme, pensant que cela était impossible. Mais le conseil traita de babiole une telle promesse et dit qu'il importait peu de la beauté, pourvu qu'une reine fût vertueuse et point stérile ; que l'État demandait des princes pour son repos et sa tranquillité ; qu'à la vérité, l'infante avait toutes les qualités requises pour faire une grande reine, mais qu'il fallait lui choisir un époux ; et qu'alors ou cet étranger l'emmènerait chez lui, ou que, s'il régnait avec elle, ses enfants ne seraient plus réputés du même sang ; et que, n'y ayant point de prince de son nom, les peuples voisins pour- raient lui susciter des guerres qui entraîneraient la ruine du royaume. Le roi, frappé de ces considérations, promit qu'il son- gerait à les contenter.

Effectivement, il chercha, parmi les princesses à marier, qui serait celle qui pourrait lui convenir. Chaque jour on lui ap- portait des portraits charmants, mais aucun n'avait les grâces de la feue reine ; ainsi il ne se déterminait point.

Malheureusement il s'avisa de trouver que l'infante, sa fille, était non seulement belle et bien faite à ravir, mais qu'elle sur- passait encore de beaucoup la reine sa mère en esprit et en agréments. Sa jeunesse, l'agréable fraîcheur de ce beau teint en- flammèrent le roi d'un feu si violent qu'il ne put le cacher à l'infante, et il lui dit qu'il avait résolu de l'épouser, puisqu'elle seule pouvait le dégager de son serment.

La jeune princesse, remplie de vertu et de pudeur, pensa s'évanouir à cette horrible proposition. Elle se jeta aux pieds du roi son père et le conjura, avec toute la force qu'elle put trouver dans son esprit, de ne la pas contraindre à commettre un tel crime. Le roi, qui s'était mis en tête ce bizarre projet, avait consul- té un vieux druide pour mettre la conscience de la princesse en repos. Ce druide, moins religieux qu'ambitieux, sacrifia, à l'hon- neur d'être confident d'un grand roi, l'intérêt de l'innocence et de la vertu, et s'insinua avec tant d'astuce dans l'esprit du roi, lui adoucit tellement le crime qu'il allait commettre qu'il lui per- suada même que c'était une œuvre pie que d'épouser sa fille. Ce prince, flatté par les discours de ce scélérat, l'embrassa et revint d'avec lui plus entêté que jamais dans son projet : il fit donc or- donner à l'infante de se préparer à lui obéir.

La jeune princesse, outrée d'une vive douleur, n'imagina rien autre chose que d'aller trouver la fée des Lilas, sa marraine. Pour cet effet, elle partit la même nuit dans un joli cabriolet attelé d'un gros mouton qui savait tous les chemins. Elle y arriva heureusement. La fée, qui aimait l'infante, lui dit qu'elle savait tout ce qu'elle venait lui dire, mais qu'elle n'eût aucun souci, rien ne pouvant lui nuire si elle exécutait fidèlement ce qu'elle allait lui prescrire. « Car, ma chère enfant, lui dit-elle, ce serait une grande faute que d'épouser votre père ; mais, sans le con- tredire, vous pouvez l'éviter ; dites-lui que, pour remplir une fantaisie que vous avez, il faut qu'il vous donne une robe de la couleur du temps ; jamais, avec tout son amour et son pouvoir, il ne pourra y parvenir. »

La princesse remercia bien sa marraine ; et dès le lende- main matin, elle dit au roi ce que la fée lui avait conseillé et pro- testa qu'on ne tirerait d'elle aucun aveu qu'elle n'eût une robe couleur du temps. Le roi, ravi de l'espérance qu'elle lui donnait, assembla les plus fameux ouvriers et leur commanda cette robe, sous la condition que, s'ils ne pouvaient réussir, il les ferait tous pendre.

Il n'eut pas le chagrin d'en venir à cette extrémité : dès le second jour ils apportèrent la robe désirée. L'empyrée n'est pas d'un plus beau bleu lorsqu'il est ceint de nuages d'or, que cette belle robe lorsqu'elle fut étalée. L'infante en fut toute contrastée et ne savait comment se tirer d'embarras. Le roi pressait la con- clusion. Il fallut recourir encore à la marraine, qui, étonnée de ce que son secret n'avait pas réussi, lui dit d'essayer d'en de- mander une de la couleur de la lune.

Le roi, qui ne pouvait lui rien refuser, envoya chercher les plus habiles ouvriers, et leur commanda si expressément une robe couleur de la lune qu'entre ordonner et apporter il n'y eut pas vingt-quatre heures. L'infante, plus charmée de cette su- perbe robe que des soins du roi son père, s'affligea immodéré- ment lorsqu'elle fut avec ses femmes et sa nourrice.

La fée des Lilas, qui savait tout, vint au secours de l'affligée princesse, et lui dit : « Ou je me trompe fort, ou je crois que si vous demandez une robe couleur du soleil, ou nous viendrons à bout de dégoûter le roi votre père, car jamais on ne pourra par- venir à faire une pareille robe, ou nous gagnerons au moins du temps. » L'infante en convint, demanda la robe, et l'amoureux roi donna, sans regret, tous les diamants et les rubis de sa cou- ronne pour aider à ce superbe ouvrage, avec l'ordre de ne rien épargner pour rendre cette robe égale au soleil. Aussi, dès qu'elle parut, tous ceux qui la virent furent obligés de fermer les yeux, tant ils furent éblouis. C'est de ce temps que datent les lu- nettes vertes et les verres noirs. Que devint l'infante à cette vue ? Jamais on n'avait rien vu de si beau et de si artistement ouvré. Elle était confondue ; et sous prétexte d'avoir mal aux yeux, elle se retira dans sa chambre où la fée l'attendait, plus honteuse qu'on ne peut dire. Ce fut bien pis : car, en voyant la robe du soleil, elle devint rouge de colère.

« Oh ! pour le coup, ma fille, dit-elle à l'infante, nous allons mettre l'indigne amour de votre père à une terrible épreuve. Je le crois bien entêté de ce mariage qu'il croit si prochain, mais je pense qu'il sera un peu étourdi de la demande que je vous con- seille de lui faire : c'est la peau de cet âne qu'il aime si passion- nément et qui fournit à toutes ses dépenses avec tant de profu- sion ; allez, et ne manquez pas de lui dire que vous désirez cette peau. » L'infante, ravie de trouver encore un moyen d'éluder un mariage qu'elle détestait, et qui pensait en même temps que son père ne pourrait jamais se résoudre à sacrifier son âne, vint le trouver et lui exposa son désir pour la peau de ce bel animal. Quoique le roi fût étonné de cette fantaisie, il ne balança pas à la satisfaire. Le pauvre âne fut sacrifié et la peau galamment apportée à l'infante, qui, ne voyant plus aucun moyen d'éluder son mal- heur, s'allait désespérer lorsque sa marraine accourut.

« Que faites-vous, ma fille ? dit-elle, voyant la princesse dé- chirant ses cheveux et meurtrissant ses belles joues ; voici le moment le plus heureux de votre vie. Enveloppez-vous de cette peau, sortez de ce palais, et allez tant que la terre pourra vous porter. Lorsqu'on sacrifie tout à la vertu, les dieux savent en ré- compenser.

« Allez, j'aurai soin que votre toilette vous suive partout ; en quelque lieu que vous vous arrêtiez, votre cassette, où seront vos habits et vos bijoux, suivra vos pas sous terre ; et voici ma baguette que je vous donne : en frappant la terre, quand vous aurez besoin de cette cassette, elle paraîtra à vos yeux ; mais hâ- tez-vous de partir, et ne tardez pas. »

L'infante embrassa mille fois sa marraine, la pria de ne pas l'abandonner, s'affubla de cette vilaine peau, après s'être bar- bouillée de suie de cheminée, et sortit de ce riche palais sans être reconnue de personne.

L'absence de l'infante causa une grande rumeur. Le roi, au désespoir, qui avait fait préparer une fête magnifique, était in- consolable. Il fit partir plus de cent gendarmes et plus de mille mousquetaires pour aller à la quête de sa fille ; mais la fée, qui la protégeait, la rendait invisible aux plus habiles recherches : ainsi il fallut s'en consoler.

Pendant ce temps, l'infante cheminait. Elle alla bien loin, bien loin, encore plus loin, et cherchait partout une place ; mais quoique par charité on lui donnât à manger, on la trouvait si crasseuse que personne n'en voulait.

Cependant, elle entra dans une belle ville, à la porte de la- quelle était une métairie, dont la fermière avait besoin d'un souillon pour laver les torchons, nettoyer les dindons et l'auge des cochons. Cette femme, voyant cette voyageuse si malpropre, lui proposa d'entrer chez elle ; ce que l'infante accepta de grand cœur, tant elle était lasse d'avoir tant marché. On la mit dans un coin reculé de la cuisine, où elle fut, les premiers jours, en butte aux plaisanteries grossières de la valetaille, tant sa peau d'âne la rendait sale et dégoûtante. Enfin, on s'y accoutuma ; d'ailleurs elle était si soigneuse de remplir ses devoirs que la fermière la prit sous sa protection. Elle conduisait les moutons, les faisait parquer au temps où il le fallait ; elle menait les dindons paître avec une telle intelli- gence qu'il semblait qu'elle n'eût jamais fait autre chose : aussi tout fructifiait sous ses belles mains. Un jour qu'assise près d'une claire fontaine, où elle déplo- rait souvent sa triste condition, elle s'avisa de s'y mirer, l'effroyable peau d'âne qui faisait sa coiffure et son habillement l'épouvanta.

Honteuse de cet ajustement, elle se décrassa le visage et les mains, qui devinrent plus blanches que l'ivoire, et son beau teint reprit sa fraîcheur naturelle. La joie de se trouver si belle lui donna envie de se baigner, ce qu'elle exécuta ; mais il lui fallut remettre son indigne peau pour retourner à la métairie. Heu- reusement, le lendemain était un jour de fête ; ainsi elle eut le loisir de tirer sa cassette, d'arranger sa toilette, de poudrer ses beaux cheveux et de mettre sa belle robe couleur du temps. Sa chambre était si petite que la queue de cette belle robe ne pou- vait pas s'étendre. La belle princesse se mira et s'admira elle- même avec raison, si bien qu'elle résolut, pour se désennuyer, de mettre tour à tour ses belles robes, les fêtes et les di- manches ; ce qu'elle exécuta ponctuellement. Elle mêlait des fleurs et des diamants dans ses beaux cheveux avec un art admi- rable ; et souvent elle soupirait de n'avoir pour témoins de sa beauté que ses moutons et ses dindons qui l'aimaient autant avec son horrible peau d'âne, dont on lui avait donné le nom dans cette ferme.

Un jour de fête, que Peau d'Âne avait mis la robe couleur du soleil, le fils du roi, à qui cette ferme appartenait, vint y des- cendre pour se reposer, en revenant de la chasse. Le prince était jeune, beau et admirablement bien fait, l'amour de son père et de la reine sa mère, adoré des peuples. On offrit à ce jeune prince une collation champêtre qu'il accep- ta ; puis il se mit à parcourir les basses-cours et tous les recoins. En courant ainsi de lieu en lieu, il entra dans une sombre allée au bout de laquelle il vit une porte fermée. La curiosité lui fit mettre l'œil à la serrure ; mais que devint-il en apercevant la princesse si belle et si richement vêtue qu'à son air noble et mo- deste il la prit pour une divinité.

L'impétuosité du sentiment qu'il éprouva dans ce moment l'aurait porté à enfoncer la porte, sans le respect que lui inspira cette ravissante personne.

Il sortit avec peine de cette allée sombre et obscure, mais ce fut pour s'informer qui était la personne qui demeurait dans cette petite chambre. On lui répondit que c'était une souillon, qu'on nommait Peau d'Âne à cause de la peau dont elle s'habil- lait, et qu'elle était si sale et si crasseuse que personne ne la re- gardait ni lui parlait et qu'on ne l'avait prise que par pitié, pour garder les moutons et les dindons.

Le prince, peu satisfait de cet éclaircissement, vit bien que ces gens grossiers n'en savaient pas davantage et qu'il était inu- tile de les questionner.

Il revint au palais du roi son père, plus amoureux qu'on ne peut dire, ayant continuellement devant les yeux la belle image de cette divinité qu'il avait vue par le trou de la serrure.

Il se repentit de n'avoir pas heurté à la porte et se promit bien de n'y pas manquer une autre fois. Mais l'agitation de son sang, causée par l'ardeur de son amour, lui donna, dans la même nuit, une fièvre si terrible, que bientôt il fut réduit à l'extrémité.

La reine, sa mère, qui n'avait que lui d'enfant, se désespé- rait de ce que tous les remèdes étaient inutiles. Elle promettait en vain les plus grandes récompenses aux médecins ; ils y em- ployèrent tout leur art, mais rien ne guérissait le prince. Enfin ils devinèrent qu'un mortel chagrin causait tout ce ravage ; ils en avertirent la reine, qui, toute pleine de tendresse pour son fils, vint le conjurer de dire la cause de son mal ; et que, quand il s'agirait de lui céder la couronne, le roi son père descendrait de son trône sans regret pour l'y faire monter ; que s'il désirait quelque princesse, quand même on serait en guerre avec le roi son père, et qu'on eût de justes sujets pour s'en plaindre, on sa- crifierait tout pour obtenir ce qu'il désirait ; mais qu'elle le con- jurait de ne pas se laisser mourir, puisque de sa vie dépendait la leur. La reine n'acheva pas ce touchant discours sans mouiller le visage du prince d'un torrent de larmes.

« Madame, lui dit enfin le prince avec une voix très faible, je ne suis pas assez dénaturé pour désirer la couronne de mon père ; plaise au Ciel qu'il vive de longues années, et qu'il veuille bien que je sois longtemps le plus fidèle et le plus respectueux de ses sujets ! Quant aux princesses que vous m'offrez, je n'ai point encore pensé à me marier et vous pensez bien que, soumis comme je le suis à vos volontés, je vous obéirai toujours, quoi qu'il m'en coûte.

— Ah, mon fils, reprit la reine, rien ne me coûtera pour te sauver la vie ; mais, mon cher fils, sauve la mienne et celle du roi ton père en me déclarant ce que tu désires et sois bien assuré qu'il te sera accordé.

— Eh bien ! madame, dit-il, puisqu'il faut vous déclarer ma pensée, je vais vous obéir ; je me ferais un crime de mettre en danger deux êtres qui me sont si chers. Oui, ma mère, je désire que Peau d'Âne me fasse un gâteau, et que, dès qu'il sera fait, on me l'apporte.

La reine, étonnée de ce nom bizarre, demanda qui était cette Peau d'Âne.

— C'est, madame, reprit un de ses officiers qui par hasard avait vu cette fille, c'est la plus vilaine bête après le loup ; une peau noire, une crasseuse, qui loge dans votre métairie et qui garde vos dindons.

— Qu'importe, dit la reine, mon fils, au retour de la chasse, a peut-être mangé de sa pâtisserie ; c'est une fantaisie de malade ; en un mot, je veux que Peau d'Âne (puisque Peau d'Âne, il y a) lui fasse promptement un gâteau. » On courut à la métairie et l'on fit venir Peau d'Âne, pour lui ordonner de faire de son mieux un gâteau pour le prince.

Quelques auteurs ont assuré que Peau d'Âne, au moment que ce prince avait mis l'œil à la serrure, les siens l'avaient aper- çu ; et puis que, regardant par sa petite fenêtre, elle avait vu ce prince si jeune, si beau et si bien fait, que l'idée lui en était res- tée, et que souvent ce souvenir lui avait coûté quelques soupirs. Quoi qu'il en soit, Peau d'Âne l'ayant vu, ou en ayant beaucoup entendu parler avec éloge, ravie de pouvoir trouver un moyen d'être connue, s'enferma dans sa chambre, jeta sa vilaine peau, se décrassa le visage et les mains, se coiffa de ses blonds che- veux, mit un beau corset d'argent brillant, un jupon pareil, et se mit à faire le gâteau tant désiré : elle prit de la plus pure farine, des œufs et du beurre bien frais. En travaillant, soit de dessein ou autrement, une bague qu'elle avait au doigt tomba dans la pâte, s'y mêla, et dès que le gâteau fut cuit, s'affublant de son horrible peau, elle donna le gâteau à l'officier, à qui elle demanda des nouvelles du prince ; mais cet homme, ne daignant pas lui répondre, courut chez le prince lui apporter ce gâteau.

Le prince le prit avidement des mains de cet homme, et le mangea avec une telle vivacité, que les médecins, qui étaient présents, ne manquèrent pas de dire que cette fureur n'était pas un bon signe : effectivement, le prince pensa s'étrangler par la bague qu'il trouva dans un des morceaux du gâteau ; mais il la tira adroitement de sa bouche, et son ardeur à dévorer ce gâteau se ralentit, en examinant cette fine émeraude, montée sur un jonc d'or, dont le cercle était si étroit, qu'il jugea ne pouvoir ser- vir qu'au plus joli doigt du monde.

Il baisa mille fois cette bague, la mit sous son chevet et l'en tirait à tout moment, quand il croyait n'être vu de personne. Le tourment qu'il se donna pour imaginer comment il pourrait voir celle à qui cette bague pouvait aller et n'osant croire, s'il de- mandait Peau d'Âne, qui avait fait ce gâteau qu'il avait deman- dé, qu'on lui accordât de la faire venir, n'osant non plus dire ce qu'il avait vu par le trou de cette serrure, de crainte qu'on se moquât de lui et qu'on le prît pour un visionnaire, toutes ces idées le tourmentant à la fois, la fièvre le reprit fortement ; et les médecins, ne sachant plus que faire, déclarèrent à la reine que le prince était malade d'amour. La reine accourut chez son fils, avec le roi, qui se désolait :

« Mon fils, mon cher fils, s'écria le monarque affligé, nom- me-nous celle que tu veux ; nous jurons que nous te la donne- rons, fût-elle la plus vile des esclaves. » La reine, en l'embras- sant, lui confirma le serment du roi. Le prince, attendri par les larmes et les caresses des auteurs de ses jours : « Mon père et ma mère, leur dit-il, je n'ai point dessein de faire une alliance qui vous déplaise et pour preuve de cette vérité, dit-il en tirant l'émeraude de dessous son chevet, c'est que j'épouserai la per- sonne à qui cette bague ira, telle qu'elle soit ; et il n'y a pas ap- parence que celle qui aura ce joli doigt soit une rustaude ou une paysanne. »

Le roi et la reine prirent la bague, l'examinèrent curieuse- ment, et jugèrent, ainsi que le prince, que cette bague ne pouvait aller qu'à quelque fille de bonne maison. Alors, le roi, ayant em- brassé son fils en le conjurant de guérir, sortit, fit donner les tambours, les fifres et les trompettes par toute la ville, et crier par ses hérauts que l'on n'avait qu'à venir au palais essayer une bague et que celle à qui elle irait juste épouserait l'héritier du trône.

Les princesses d'abord arrivèrent, puis les duchesses, les marquises et les baronnes, mais elles eurent beau toutes s'amenuiser les doigts, aucune ne put mettre la bague. Il en fal- lut venir aux grisettes, qui toutes jolies qu'elles étaient, avaient toutes les doigts trop gros. Le prince, qui se portait mieux, fai- sait lui-même l'essai. Enfin, on en vint aux filles de chambre ; elles ne réussirent pas mieux. Il n'y avait plus personne qui n'eût essayé cette bague sans succès, lorsque le prince demanda les cuisinières, les marmitonnes, les gardeuses de moutons : on amena tout cela ; mais leurs gros doigts rouges et courts ne pu- rent seulement aller par-delà l'ongle.

« A-t-on fait venir cette Peau d'Âne, qui m'a fait un gâteau ces jours derniers ? » dit le prince.

Chacun se prit à rire, et lui dit que non, tant elle était sale et crasseuse.

« Qu'on l'aille chercher tout à l'heure, dit le roi ; il ne sera pas dit que j'aie excepté quelqu'un. »

On courut, en riant et se moquant, chercher la dindon- nière.

L'infante, qui avait entendu les tambours et les cris des hé- rauts d'armes, s'était bien doutée que sa bague faisait ce tinta- marre : elle aimait le prince ; et, comme le véritable amour est craintif et n'a point de vanité, elle était dans la crainte conti- nuelle que quelque dame n'eût le doigt aussi menu que le sien. Elle eut donc une grande joie quand on vint la chercher et qu'on heurta à sa porte. Depuis qu'elle avait su qu'on cherchait un doigt propre à mettre sa bague, je ne sais quel espoir l'avait por- tée à se coiffer plus soigneusement, et à mettre son beau corps d'argent, avec le jupon plein de falbalas de dentelle d'argent, semés d'émeraudes. Sitôt qu'elle entendit qu'on heurtait à la porte et qu'on l'appelait pour aller chez le prince, elle remit promptement sa peau d'âne, ouvrit sa porte ; et ces gens, en se moquant d'elle, lui dirent que le roi la demandait pour lui faire épouser son fils ; puis, avec de longs éclats de rire, ils la menè- rent chez le prince, qui lui-même étonné de l'accoutrement de cette fille, n'osa croire que ce fût celle qu'il avait vue si pom- peuse et si belle.

Triste et confus de s'être si lourdement trompé :

« Est-ce vous, lui dit-il, qui logez au fond de cette allée obs- cure, dans la troisième basse-cour de la métairie ?

—   Oui, seigneur, répondit-elle.

—   Montrez-moi votre main, » dit-il en tremblant et pous- sant un profond soupir…   Dame ! qui fut bien surpris ?

Ce furent le roi et la reine, ainsi que tous les chambellans et les grands de la cour, lorsque de dessous cette peau noire et crasseuse sortit une petite main délicate, blanche et couleur de rose où la bague s'ajusta sans peine au plus joli petit doigt du monde ; et par un petit mouvement que l'infante se donna, la peau tomba, et elle parut d'une beauté si ravissante, que le prince, tout faible qu'il était, se mit à ses genoux, et les serra avec une ardeur qui la fit rougir ; mais, on ne s'en aperçut presque pas, parce que le roi et la reine vinrent l'embrasser de toute leur force, et lui demander si elle voulait bien épouser leur fils. La princesse, confuse de tant de caresses et de l'amour que lui marquait ce beau jeune prince, allait cependant les en re- mercier, lorsque le plafond du salon s'ouvrit, et que la fée des Lilas, descendant dans un char fait de branches et de fleurs de son nom, conta, avec une grâce infinie, l'histoire de l'infante.
Le roi et la reine, charmés de voir que Peau d'Âne était une grande princesse, redoublèrent leurs caresses ; mais le prince fut encore plus sensible à la vertu de la princesse, et son amour s'accrut par cette connaissance.

L'impatience du prince, pour épouser la princesse, fut telle, qu'à peine donna-t-il le temps de faire les préparatifs conve- nables pour cet auguste hyménée.

Le roi et la reine, qui étaient affolés de leur belle-fille, lui faisaient mille caresses et la tenaient incessamment dans leurs bras ; elle avait déclaré qu'elle ne pouvait épouser le prince sans le consentement du roi son père : aussi fut-il le premier auquel on envoya une invitation, sans lui dire quelle était l'épousée ; la fée des Lilas, qui présidait à tout, comme de raison, l'avait exigé à cause des conséquences. Il vint des rois de tous les pays ; les uns en chaise à porteurs, d'autres en cabriolet ; les plus éloignés montés sur des éléphants, sur des tigres, sur des aigles ; mais le plus magnifique et le plus puissant fut le père de l'infante, qui heureusement avait oublié son amour déréglé et avait épousé une reine veuve, fort belle, dont il n'avait point eu d'enfant.

L'infante courut au-devant de lui ; il la reconnut aussitôt et l'embrassa avec une grande tendresse, avant qu'elle eût le temps de se jeter à ses genoux. Le roi et la reine lui présentèrent leur fils, qu'il combla d'amitié.

Les noces se firent avec toute la pompe imaginable.

Les jeunes époux, peu sensibles à ces magnificences, ne vi- rent et ne regardèrent qu'eux.

Le roi, père du prince, fit couronner son fils ce même jour, et, lui baisant la main, le plaça sur son trône. Malgré la résis- tance de ce fils si bien né, il lui fallut obéir.

Les fêtes de cet illustre mariage durèrent près de trois mois ; mais l'amour des deux époux durerait encore, tant ils s'aimaient, s'ils n'étaient pas morts cent ans après.

Moralité

Le conte de Peau d'Âne est difficile à croire : Mais tant que dans le monde on aura des enfants,

Des mères et des mères-grands, On en gardera la mémoire.

LES SOUHAITS RIDICULES

Si vous étiez moins raisonnable,

Je me garderais bien de venir vous conter La folle et peu galante fable

Que je m'en vais vous débiter.

Une aune de boudin en fournit la matière.

Une aune de boudin, ma chère ! Quelle pitié ! c'est une horreur, S'écriait une précieuse,

Qui toujours tendre et sérieuse

Ne veut ouïr parler que d'affaires de cœur. Mais vous qui mieux qu'âme qui vive Savez charmer en racontant,

Et dont l'expression est toujours si naïve, Que l'on croit voir ce qu'on entend ; Qui savez que c'est la manière

Dont quelque chose est inventé, Qui beaucoup plus que la matière De tout récit fait la beauté,

Vous aimerez ma fable et sa moralité ; J'en ai, j'ose le dire, une assurance entière.
Il était une fois un pauvre Bûcheron Qui las de sa pénible vie,

Avait, disait-il, grande envie

De s'aller reposer aux bords de l'Achéron : Représentant, dans sa douleur profonde,

Que depuis qu'il était au monde, Le Ciel cruel n'avait jamais

Voulu remplir un seul de ses souhaits.   Un jour que, dans le bois, il se mit à se plaindre, À lui, la foudre en main, Jupiter s'apparut.

On aurait peine à bien dépeindre La peur que le bonhomme en eut.

— Je ne veux rien, dit-il, en se jetant par terre, Point de souhaits, point de Tonnerre, Seigneur, demeurons but à but.   — Cesse d'avoir aucune crainte ;

Je viens, dit Jupiter, touché de ta complainte, Te faire voir le tort que tu me fais.

Écoute donc. Je te promets,

Moi qui du monde entier suis le souverain maître, D'exaucer pleinement les trois premiers souhaits Que tu voudras former sur quoi que ce puisse être.

Vois ce qui peut te rendre heureux, Vois ce qui peut te satisfaire ;

Et comme ton bonheur dépend tout de tes vœux,

Songes-y bien avant que de les faire. » À ces mots Jupiter dans les cieux remonta, Et le gai bûcheron, embrassant sa falourde, Pour retourner chez lui sur son dos la jeta.

Cette charge jamais ne lui parut moins lourde.

Il ne faut pas, disait-il en trottant, Dans tout ceci, rien faire à la légère ;

Il faut, le cas est important,

En prendre avis de notre ménagère.

— Çà, dit-il, en entrant sous son toit de fougère, Faisons, Fanchon, grand feu, grand chère, Nous sommes riches à jamais,

Et nous n'avons qu'à faire des souhaits. » Là-dessus tout au long le fait il lui raconte.

À ce récit, l'épouse vive et prompte

Forma dans son esprit mille vastes projets ; Mais considérant l'importance

De s'y conduire avec prudence :

— Blaise, mon cher ami, dit-elle à son époux, Ne gâtons rien par notre impatience ;

Examinons bien entre nous

Ce qu'il faut faire en pareille occurrence ; Remettons à demain notre premier souhait

Et consultons notre chevet.

— Je l'entends bien ainsi, dit le bonhomme Blaise ; Mais va tirer du vin derrière ces fagots.

À son retour il but, et goûtant à son aise

Près d'un grand feu la douceur du repos, Il dit, en s'appuyant sur le dos de sa chaise :

— « Pendant que nous avons une si bonne braise, Qu'une aune de Boudin viendrait bien à propos ! » À peine acheva-t-il de prononcer ces mots, Que sa femme aperçut, grandement étonnée,

Un Boudin fort long, qui partant D'un des coins de la cheminée, S'approchait d'elle en serpentant.

Elle fit un cri dans l'instant ; Mais jugeant que cette aventure Avait pour cause le souhait

Que par bêtise toute pure

Son homme imprudent avait fait, Il n'est point de pouille et d'injure Que de dépit et de courroux

Elle ne dît au pauvre époux.

— Quand on peut, disait-elle, obtenir un Empire, De l'or, des perles, des rubis,

Des diamants, de beaux habits,

Est-ce alors du boudin qu'il faut que l'on désire ?

— Eh bien, j'ai tort, dit-il, j'ai mal placé mon choix, J'ai commis une faute énorme,

Je ferai mieux une autre fois.

— Bon, bon, dit-elle, attendez-moi sous l'orme, Pour faire un tel souhait, il faut être bien bœuf !

L'époux plus d'une fois, emporté de colère, Pensa faire tout bas le souhait d'être veuf,

Et peut-être, entre nous, ne pouvait-il mieux faire : Les hommes, disait-il, pour souffrir sont bien nés ! Peste soit du boudin et du boudin encore ;

Plût à Dieu, maudite pécore, Qu'il te pendît au bout du nez ! » La prière aussitôt du Ciel fut écoutée, Et dès que le mari la parole lâcha,

Au nez de l'épouse irritée L'aune de boudin s'attacha.

Ce prodige imprévu grandement le fâcha. Fanchon était jolie, elle avait bonne grâce, Et pour dire sans fard la vérité du fait,

Cet ornement en cette place Ne faisait pas un bon effet ;

Si ce n'est qu'en pendant sur le bas du visage, Il l'empêchait de parler aisément, Pour un époux merveilleux avantage,

Et si grand qu'il pensa dans cet heureux moment Ne souhaiter rien davantage.
Je pourrais bien, disait-il à part soi, Après un malheur si funeste, Avec le souhait qui me reste, Tout d'un plein saut me faire roi.

Rien n'égale, il est vrai, la grandeur souveraine ; Mais encore faut-il songer

Comment serait faite la reine, Et dans quelle douleur ce serait la plonger

De l'aller placer sur un trône

Avec un nez plus long qu'une aune. Il faut l'écouter sur cela,

Et qu'elle-même elle soit la maîtresse De devenir une grande princesse

En conservant l'horrible nez qu'elle a, Ou de demeurer bûcheronne

Avec un nez comme une autre personne, Et tel qu'elle l'avait avant ce malheur-là. La chose bien examinée,

Quoiqu'elle sût d'un sceptre et la force et l'effet, Et que, quand on est couronnée,

On a toujours le nez bien fait ;

Comme au désir de plaire il n'est rien qui ne cède, Elle aima mieux garder son bavolet

Que d'être reine et d'être laide.

Ainsi le Bûcheron ne changea point d'état, Ne devint point grand Potentat, D'écus ne remplit point sa bourse,

Trop heureux d'employer le souhait qui restait, Faible bonheur, pauvre ressource,

À remettre sa femme en l'état qu'elle était.

Bien est donc vrai qu'aux hommes misérables, Aveugles, imprudents, inquiets, variables,

Pas n'appartient de faire des souhaits,

Et que peu d'entre eux sont capables De bien user dons que le Ciel leur a faits.

L'ADROITE PRINCESSE OU LES AVENTURES DE FINETTE

Du temps des premières croisades, un roi de je ne sais quel royaume de l'Europe se résolut d'aller faire la guerre aux infi- dèles dans la Palestine. Avant que d'entreprendre un si long voyage, il mit un si bon ordre aux affaires de son royaume, et il en confia la régence à un ministre si habile, qu'il fut en repos de ce côté-là. Ce qui inquiétait le plus ce prince, c'était le soin de sa famille. Il avait perdu la reine son épouse depuis assez peu de temps : elle ne lui avait point laissé de fils ; mais il se voyait père de trois jeunes princesses à marier. On avait surnommé l'aînée de ces princesses Nonchalante, la seconde Babillarde, et la troi- sième Finette, noms qui avaient tous un juste rapport au carac- tère de ces trois sœurs.

Jamais on n'a rien vu de si indolent qu'était Nonchalante. Tous les jours, elle n'était pas éveillée à une heure après midi : on la traînait à l'église telle qu'elle sortait de son lit, sa coiffure en désordre, sa robe détachée ; point de ceinture, et souvent une mule d'une façon et une autre de l'autre.

Babillarde menait une autre sorte de vie. Cette princesse était fort vive, et n'employait que peu de temps pour sa per- sonne ; mais elle avait une envie de parler si étrange, que, de-puis qu'elle était éveillée jusqu'à ce qu'elle fût endormie, la bouche ne lui fermait pas.

La sœur cadette de ces deux princesses était d'un caractère bien différent. Elle agissait incessamment de l'esprit et de sa personne ; elle avait une vivacité surprenante, et elle s'appli-quait à en faire un bon usage. Elle savait parfaitement bien dan- ser, chanter, jouer des instruments ; réussissait avec un adresse admirable à tous les petits travaux de la main, qui amusent d'ordinaire les personnes de son sexe ; mettait l'ordre et la règle dans la maison du roi.

Ses talents ne se bornaient pas là ; elle avait beaucoup de jugement, et une présence d'esprit si merveilleuse, qu'elle trou- vait sur-le-champ des moyens pour sortir de toutes sortes d'affaires.

La princesse donna, en plusieurs autres occasions, des marques de sa pénétration et de sa finesse d'esprit ; elle en don- na tant, que le peuple lui donna le surnom de Finette. Le roi l'aimait beaucoup plus que ses autres filles, et il faisait un si grand fond sur son bon sens, que, s'il n'avait point eu d'autre enfant qu'elle, il serait parti sans inquiétude ; mais il se défiait autant de la conduite de ses autres filles qu'il se reposait sur celle de Finette. Ainsi, pour être sûr des démarches de sa famille comme il se croyait sûr de celles de ses sujets, il prit les mesures que je vais dire.

Il alla trouver une fée des plus habiles ; il lui représenta l'inquiétude où il était louchant ses filles. – « Ce n'est pas, lui dit ce prince, que les deux aînées, dont je m'inquiète, aient jamais fait la moindre chose contre leur devoir ; mais elles ont si peu d'esprit, elles sont si imprudentes, et vivent dans une si grande désoccupation, que je crains que, pendant mon absence, elles n'aillent s'embarquer dans quelque folle intrigue, pour trouver de quoi s'amuser. Pour Finette, je suis sûr de sa vertu ; cepen- dant je la traiterai comme les autres, pour faire tout égal ; c'est pourquoi, sage fée, je vous prie de me faire trois quenouilles de verre pour mes filles, qui soient faites avec un tel art, que chaque quenouille ne manque pas de se casser sitôt que celle à qui elle appartiendra fera quelque chose contre sa gloire. »

Comme cette fée était des plus habiles, elle donna à ce prince trois quenouilles enchantées, et travaillées avec tous les soins nécessaires pour le dessein qu'il avait. Mais il ne fut pas content de cette précaution ; il mena les princesses dans une tour fort haute, qui était bâtie dans un lieu bien désert. Le roi dit à ses filles qu'il leur ordonnait de faire leur demeure dans cette tour, pendant tout le temps de son absence, et qu'il leur défen- dait d'y recevoir aucune personne que ce fût. Il leur ôta tous leurs officiers ; et après leur avoir fait présent des quenouilles enchantées, dont il leur expliqua les qualités, il embrassa les princesses et ferma les portes de la tour, dont il prit lui-même les clefs ; puis il partit.

Il avait eu soin de faire attacher une poulie à une des fe- nêtres de la tour, et on y avait mis une corde, à laquelle les prin- cesses attachaient un corbillon, qu'elles descendaient chaque jour. Dans ce corbillon, on mettait leurs provisions pour la jour- née, et, quand elles l'avaient remonté, elles retiraient avec soin la corde dans la chambre.

Nonchalante et Babillarde menaient dans cette solitude une vie qui les désespérait : elles s'ennuyaient à un point qu'on ne saurait exprimer ; mais il fallait prendre patience, car on leur avait fait la quenouille si terrible, qu'elles craignaient que la moindre démarche un peu équivoque ne la fît casser.

Pour Finette, elle ne s'ennuyait point du tout ; son fuseau, son aiguille et ses instruments de musique lui fournissaient des amusements.

Elles passaient donc ainsi tristement leur vie, en murmu- rant contre leur destin ; et je crois qu'elles ne manquèrent pas de dire qu'il vaut mieux être né heureux que d'être né fils de roi. Elles étaient souvent aux fenêtres de leur tour, pour voir du moins ce qui se passait dans la campagne. Un jour, comme Fi- nette était fort occupée, dans sa chambre, à quelque joli ou- vrage, ses sœurs, qui étaient à la fenêtre, virent au pied de leur tour une pauvre femme vêtue de haillons déchirés, qui leur criait sa misère fort pathétiquement ; elle les priait, à mains jointes, de la laisser entrer dans leur château, leur représentant qu'elle était une malheureuse étrangère qui savait mille sortes de choses, et qu'elle leur rendrait service avec la plus exacte fi- délité. D'abord les princesses se souvinrent de l'ordre qu'avait donné le roi leur père de ne laisser entrer personne dans la tour ; mais Nonchalante était si lasse de se servir elle-même, et Babillarde si ennuyée de n'avoir que ses sœurs à qui parler, que l'envie qu'eut l'une d'être coiffée en détail, et l'empressement qu'eut l'autre d'avoir une personne de plus pour jaser, les enga- gea à se résoudre de laisser entrer la pauvre étrangère. « Pensez-vous, dit Babillarde à sa sœur, que la défense du roi s'étende sur des gens comme cette malheureuse ? Je crois que nous la pouvons recevoir sans conséquence. — Vous ferez ce qu'il vous plaira, ma sœur, » répondit Nonchalante. Babillarde, qui n'attendait que ce consentement, descendit aussitôt le corbillon ; la pauvre femme se mit dedans, et les princesses la mon- tèrent avec le secours de la poulie.

Quand cette femme fut devant leurs yeux, l'horrible mal- propreté de ses habits les dégoûta ; elles voulurent lui en donner d'autres ; mais elle leur dit qu'elle en changerait le lendemain, et que, pour l'heure qu'il était, elle allait songer à les servir. Comme elle achevait de parler, Finette revint de sa chambre. Cette princesse fut étrangement surprise de voir cette inconnue avec ses sœurs ; elles lui dirent pour quelles raisons elles l'avaient fait monter ; et Finette, qui vit que c'était une chose faite, dissimula le chagrin qu'elle eut de cette imprudence.

51

Cependant la nouvelle officière des princesses fit cent tours dans le château, sous prétexte de leur service, mais en effet pour observer la disposition du dedans.

Cette créature couverte de haillons était le fils aîné d'un roi puissant, voisin du père des princesses. Ce jeune prince, qui était un des plus artificieux esprits de son temps, gouvernait en- tièrement le roi son père, et il n'avait pas besoin de beaucoup de finesse pour cela, car ce roi était d'un caractère si doux et si fa- cile qu'on lui en avait donné le surnom de Moult-Benin. Pour le jeune prince, comme il n'agissait que par artifice et par détours, les peuples l'avaient surnommé Riche-en-Cautèle, et, pour abréger, on disait Riche-Cautèle.

Il avait un frère cadet, qui était aussi rempli de belles quali- tés que son aîné l'était de défauts ; cependant, malgré la diffé- rence d'humeurs, on voyait, entre ces deux frères, une union si parfaite que tout le monde en était surpris. Outre les bonnes qualités de l'âme qu'avait le prince cadet, la beauté de son vi- sage et la grâce de sa personne étaient si remarquables qu'elles l'avaient fait nommer Bel-à-voir.

Riche-Cautèle jeta les haillons qui le couvraient, et laissa voir des habits de cavalier, tout couverts d'or et de pierreries. Les pauvres princesses furent si épouvantées de cette vue, que toutes se mirent à fuir avec précipitation. Finette et Babillarde, qui étaient agiles, eurent bientôt gagné leur chambre ; mais Nonchalante, qui avait à peine l'usage de marcher, fut en un ins- tant atteinte par le prince.

Aussitôt il se jeta à ses pieds, lui déclara qui il était, et lui dit que la réputation de sa beauté et ses portraits l'avaient enga- gé à quitter une cour délicieuse pour lui venir offrir ses vœux et sa foi. Nonchalante fut d'abord si éperdue, qu'elle ne pouvait répondre au prince, qui était toujours à ses genoux ; mais, comme en lui disant mille douceurs, et lui faisant mille protes- tations, il la conjurait avec ardeur de le recevoir pour époux, des ce moment-là même, sa mollesse naturelle ne lui laissant pas la force de disputer, elle dit nonchalamment à Riche-Cautèle qu'elle le croyait sincère, et qu'elle acceptait sa foi. Mais aussi elle en perdit sa quenouille qui se brisa en mille morceaux.

Le lendemain, le pernicieux prince mena Nonchalante dans un appartement bas, qui était au bout du jardin ; et là cette princesse témoigna à Riche-Cautèle l'inquiétude où elle était de ses sœurs, quoiqu'elle n'osât se présenter devant elles, dans la crainte qu'elles ne la blâmassent. Le prince, après quelques dis- cours, sortit, et enferma Nonchalante sans qu'elle s'en aperçût ; ensuite il se mit à chercher les princesses avec soin.

Il fut quelque temps sans pouvoir découvrir dans quelles chambres elles étaient enfermées. Enfin l'envie qu'avait Babil- larde de toujours parler étant cause que cette princesse parlait toute seule en se plaignant le prince s'approcha de la porte de sa chambre et la vit par le trou de la serrure.

Riche-Cautèle lui parla au travers de la porte, et lui dit, comme il avait dit à sa sœur, que c'était pour lui offrir son cœur et sa foi qu'il avait fait l'entreprise d'entrer dans la tour. Il louait avec exagération sa beauté et son esprit ; et Babillarde, qui était très persuadée qu'elle possédait un mérite extrême, fut assez folle pour croire ce que le prince lui disait : elle lui répondit un flux de paroles qui n'étaient pas trop désobligeantes, et ouvrit enfin à ce séducteur ; quand elle eut ouvert, il fit encore parfai- tement le comédien, et recommença à exagérer sa tendresse et les avantages qu'elle trouverait en l'épousant. Il lui dit, comme il l'avait dit à Nonchalante, qu'elle devait accepter sa foi au mo- ment même, parce que, si elle allait trouver ses sœurs, elles ne manqueraient pas de s'y opposer, puisqu'étant, sans contredit, le plus puissant prince voisin, il paraissait plus vraisemblablement un parti pour l'aînée que pour elle ; qu'ainsi cette prin- cesse ne consentirait jamais à une union qu'il souhaitait avec toute l'ardeur imaginable. Babillarde, après bien des discours qui ne signifiaient rien, fut aussi extravagante qu'avait été sa sœur ; elle accepta le prince pour époux, et ne se souvint des ef- fets de sa quenouille de verre qu'après que cette quenouille se fut cassée en cent pièces.

Vers le soir, cependant, Babillarde n'était plus en humeur d'aller chercher ses sœurs : elle craignait, avec raison, qu'elles ne pussent approuver sa conduite ; mais le prince s'offrit de les aller trouver, et dit qu'il ne manquerait pas de moyens pour les persuader de l'approuver. Après cette assurance, la princesse, qui n'avait point dormi de la nuit, s'assoupit, et, pendant qu'elle dormait, Riche-Cautèle l'enferma à la clef, comme il avait fait pour Nonchalante.

N'est-il pas vrai que ce Riche-Cautèle était un grand scélé- rat, et ces deux princesses de lâches et imprudentes personnes ?

Quand ce prince perfide eut enfermé Babillarde, il alla dans toutes les chambres du château, les unes après les autres ; et, comme il les trouva toutes ouvertes, il conclut qu'une seule, qu'il voyait fermée par dedans, était assurément celle où s'était retirée Finette. Comme il avait composé une harangue circu- laire, il s'en alla débiter à la porte de Finette les mêmes choses qu'il avait dites à ses sœurs. Mais cette princesse, qui n'était pas une dupe comme ses aînées, l'écouta assez longtemps sans lui répondre. Enfin, voyant qu'il était éclairci qu'elle était dans cette chambre, elle lui dit que, s'il était vrai qu'il eût une tendresse aussi forte et aussi sincère pour elle qu'il voulait le lui persuader, elle le priait de descendre dans le jardin, et d'en fer- mer la porte sur lui, et qu'après elle lui parlerait, tant qu'il vou- drait, par la fenêtre de sa chambre, qui donnait sur ce jardin.

Riche-Cautèle ne voulut point accepter ce parti, et, comme la princesse s'opiniâtrait toujours à ne point vouloir ouvrir, ce méchant prince, outré d'impatience, alla quérir une bûche et en- fonça la porte. Il trouva Finette armée d'un gros marteau, qu'on avait laissé, par hasard, dans une garde-robe qui était proche de sa chambre. L'émotion animait le teint de cette princesse, et, quoique ses yeux fussent pleins de colère, elle parut à Riche- Cautèle d'une beauté à enchanter. Il voulut se jeter à ses pieds ; mais elle dit fièrement en se reculant : « Prince, si vous appro- chez de moi, je vous fendrai la tête avec ce marteau. — Quoi ! belle princesse, s'écria Riche-Cautèle de son ton hypocrite, l'amour qu'on a pour vous s'attire une si cruelle haine ? » Il se mit à lui prôner de nouveau, mais d'un bout de la chambre à l'autre, l'ardeur violente que lui avait inspirée la réputation de sa beauté et de son esprit merveilleux. Il ajouta qu'il ne s'était déguisé que pour venir lui offrir avec respect son cœur et sa main ; et lui dit qu'elle devait pardonner à la violence de sa pas- sion la hardiesse qu'il avait eue d'enfoncer sa porte. Il finit en voulant persuader, comme il avait fait à ses sœurs, qu'il était de son intérêt de le recevoir pour époux au plus vite. Il dit encore à Finette qu'il ne savait pas où s'étaient retirées les princesses ses sœurs, parce qu'il ne s'était pas mis en peine de les chercher, n'ayant songé qu'à elle.

L'adroite princesse, feignant de se radoucir, lui dit qu'il fal- lait chercher ses sœurs, et qu'après on prendrait des mesures tous ensemble ; mais Riche-Cautèle lui répondit qu'il ne pouvait se résoudre à aller trouver les princesses qu'elle n'eut consenti à l'épouser, parce que ses sœurs ne manqueraient pas de s'y op- poser, à cause de leur droit d'aînesse.

53

Finette, qui se défiait avec raison de ce prince perfide, sen- tit redoubler ses soupçons par cette réponse : elle trembla de ce qui pouvait être arrivé à ses sœurs, et se résolut de les venger du même coup qui lui ferait éviter un malheur pareil à celui qu'elle jugeait qu'elles avaient eu. Cette jeune princesse dit donc à Riche-Cautèle qu'elle consentait sans peine à l'épouser, mais qu'elle était persuadée que les mariages qui se faisaient le soir étaient toujours malheureux ; qu'ainsi elle le priait de remettre la cérémonie de se donner une foi réciproque au lendemain ma- tin ; elle ajouta qu'elle l'assurait de n'avertir les princesses de rien, et lui dit qu'elle le priait de la laisser un peu de temps seule, pour penser au ciel ; qu'ensuite elle le mènerait dans une chambre où il trouverait un fort bon lit, et qu'après elle revien- drait s'enfermer chez elle jusqu'au lendemain.

Riche-Cautèle, qui n'était pas un fort courageux person- nage, et qui voyait toujours Finette armée du gros marteau, dont elle badinait comme on fait d'un éventail ; Riche-Cautèle, dis-je, consentit à ce que souhaitait la princesse, et se retira pour la laisser quelque temps méditer. Il ne fut pas plutôt éloi- gné que Finette courut faire un lit sur le trou d'un égout qui était dans une chambre du château. Cette chambre était aussi propre qu'une autre ; mais on jetait dans le trou de cet égout, qui était fort spacieux, toutes les ordures du château. Finette mit sur ce trou deux bâtons croisés très faibles ; puis elle fit bien proprement un lit par-dessus, et s'en retourna aussitôt dans sa chambre. Un moment après Riche-Cautèle y revint, et la prin- cesse le conduisit où elle venait de faire le lit et se retira.

Le prince, sans se déshabiller, se jeta sur le lit avec précipi- tation, et, sa pesanteur ayant fait tout d'un coup rompre les pe- tits bâtons, il tomba au fond de l'égout, sans pouvoir se retenir, en se faisant vingt bosses à la tête, et en se fracassant de tous cô- tés. La chute du prince fit un grand bruit dans le tuyau : d'ailleurs il n'était pas éloigné de la chambre de Finette ; elle sut aussitôt que son artifice avait eu tout le succès qu'elle s'était promis, et elle ressentit une joie secrète, qui lui fut extrêmement agréable. On ne peut pas décrire le plaisir qu'elle eut de l'enten- dre barboter dans l'égout. Il méritait bien cette punition, et la princesse avait raison d'en être satisfaite.

Mais sa joie ne l'occupait pas si fort qu'elle ne pensât plus à ses sœurs. Son premier soin fut de les chercher. Il lui fut facile de trouver Babillarde. Riche-Cautèle, après avoir enfermé cette princesse à double tour, avait laissé la clef à sa chambre. Finette entra dans cette chambre avec empressement, et le bruit qu'elle fit réveilla sa sœur en sursaut. Elle fut bien confuse en la voyant. Finette lui raconta de quelle manière elle s'était défaite du prince fourbe, qui était venu pour les outrager. Babillarde fut frappée de cette nouvelle comme d'un coup de foudre ; car, mal- gré son caquet, elle était si peu éclairée qu'elle avait cru, ridicu- lement, tout ce que Riche-Cautèle lui avait dit. Il y a encore des dupes comme celle-là au monde.

Cependant Riche-Cautèle passa la nuit fort mal à son aise, et, quand le jour fut venu, il ne fut guère mieux. Ce prince se trouvait dans des cavernes dont il ne pouvait pas voir toute l'horreur, parce que le jour n'y donnait jamais. Néanmoins, a force de se tourmenter, il trouva l'issue de l'égout, qui donnait dans une rivière assez éloignée du château ; il trouva moyen de se faire entendre à des gens qui pêchaient dans cette rivière, dont il fut tiré dans un état qui fit compassion à ces bonnes gens.

Il se fit transporter à la cour du roi son père pour se guérir à loisir ; et la disgrâce qui lui était arrivée lui fit prendre une si forte haine contre Finette qu'il songea moins à se guérir qu'à se venger d'elle.

Cette princesse passait des moments bien tristes : la gloire lui était mille fois plus chère que la vie ; et la honteuse faiblesse de ses sœurs la mettait dans un désespoir dont elle avait peine à se rendre maîtresse. Riche-Cautèle, qui était déjà un habile fourbe, rappela tout son esprit, depuis son aventure, pour deve- nir fourbissime. L'égout ni les contusions ne lui donnaient pastant de chagrin, que le dépit d'avoir trouvé quelqu'un plus fin que lui. Il se douta des suites de ses deux mariages, et, pour ten- ter les deux princesses malades, il fit porter, sous les fenêtres de leur château, de grandes caisses remplies d'arbres tout chargés de beaux fruits. Nonchalante et Babillarde, qui était souvent aux fenêtres, ne manquèrent pas de voir ces fruits ; aussitôt il leur prit une envie violente d'en manger, et elles persécutèrent Fi- nette de descendre dans le corbillon pour en aller cueillir. La complaisance de cette princesse fut assez grande, pour vouloir bien contenter ses sœurs : elle descendit et leur apporta de ces beaux fruits, qu'elles mangèrent avec la dernière avidité.

Le lendemain, il parut des fruits d'une autre espèce : nou- velle envie des princesses ; nouvelle complaisance de Finette ; mais les officiers de Riche-Cautèle, cachés, et qui avaient man- qué leur coup la première fois, ne le manquèrent pas celle-ci : ils se saisirent de Finette et l'emmenèrent, aux yeux de ses sœurs, qui s'arrachaient les cheveux de désespoir.

Les satellites de Riche-Cautèle firent si bien, qu'ils menè- rent Finette dans une maison de campagne, où était le prince pour achever de se remettre en santé. Comme il était transporté de fureur contre cette princesse, il lui dit cent choses brutales, à quoi elle répondait toujours avec une fermeté et une grandeur d'âme dignes d'une héroïne comme elle l'était. Enfin, après l'avoir gardée quelques jours prisonnière, il la fit conduire au sommet d'une montagne extrêmement haute, et il y arriva lui- même un moment après elle. Dans ce lieu, il lui annonça qu'on l'allait faire mourir, d'une manière qui le vengerait des tours qu'elle lui avait faits. Ensuite ce perfide prince montra barba- rement à Finette un tonneau tout hérissé par dedans de canifs, de rasoirs et de clous à crochet, et lui dit que, pour la punir comme elle le méritait, on allait la jeter dans ce tonneau, puis le rouler du haut de la montagne en bas.

Quoique Finette ne fût pas Romaine, elle ne fut pas plus ef- frayée du supplice qu'on lui préparait, que Régulus ne l'avait été autrefois à la vue d'un destin pareil. Cette jeune princesse con- serva toute sa fermeté et toute sa présence d'esprit. Riche- Cautèle, au lieu d'admirer son caractère héroïque, en prit une nouvelle rage contre elle, et songea à hâter sa mort. Dans cette vue, il se baissa vers l'entrée du tonneau qui devait être l'instru- ment de sa vengeance, pour examiner s'il était bien fourni de toutes ses armes meurtrières. Finette, qui vit son persécuteur attentif à regarder, ne perdit point de temps, le jeta habilement dans le tonneau, et elle le fit rouler du haut de la montagne en bas, sans donner au prince le temps de se reconnaître. Après ce coup, elle prit la fuite ; et les officiers du prince, qui avaient vu avec une extrême douleur la manière cruelle dont leur maître voulait traiter cette aimable princesse, n'eurent garde de courir après elle pour l'arrêter. D'ailleurs ils étaient si effrayés de ce qui venait d'arriver à Riche-Cautèle qu'ils ne purent songer à autre chose qu'à tâcher d'arrêter le tonneau qui roulait avec vio- lence ; mais leurs soins furent inutiles : il roula jusqu'au bas de la montagne, et ils en tirèrent leur prince couvert de mille plaies. L'accident de Riche-Cautèle mit au désespoir le roi Moult- Benin et le prince Bel-à-voir. Pour les peuples de leurs États, ils n'en furent point touchés. Riche-Cautèle en était très haï, et même l'on s'étonnait de ce que le jeune prince, qui avait des sentiments si nobles et si généreux, pût tant aimer cet indigne aîné. Mais tel était le bon naturel de Bel-à-voir, qu'il s'attachait à tous ceux de son sang ; et Riche-Cautèle avait toujours eu l'adresse de lui témoigner tant d'amitié que ce généreux prince n'aurait jamais pu se pardonner de n'y pas répondre avec vivacité. Bel-à-voir eut donc une douleur violente des blessures de son frère, et il mit tout en usage pour lâcher de les guérir prompte- ment : cependant, malgré les soins empressés que tout le monde en prit, rien ne soulageait Riche-Cautèle ; au contraire, ses plaies semblaient toujours s'envenimer de plus en plus à un tel point qu'on vit bien qu'il fallait qu'il en mourût.

Bel-à-voir en fut pénétré de douleur ; et Riche-Cautèle, perfide jusqu'à son dernier moment, songea à abuser de la ten- dresse de son frère. « Vous m'avez toujours aimé, par rapport à la vie, je meurs ; mais, si je vous ai été véritablement cher, pro- mettez-moi de m'accorder la prière que je vais vous faire. »

Bel-à-voir, qui, dans l'état où il voyait son frère, se sentait incapable de lui rien refuser, lui promit, avec les plus terribles serments, de lui accorder tout ce qu'il lui demanderait. Aussitôt que Riche-Cautèle eut entendu ces serments, il dit à son frère, en l'embrassant : « Je meurs consolé, prince, puisque je serai vengé ; car la prière que j'ai à vous faire, c'est de demander Fi- nette en mariage aussitôt que je serai mort. Vous obtiendrez, sans doute, cette maligne princesse, et, dès qu'elle sera en votre pouvoir, vous lui plongerez un poignard dans le sein. » Bel-à- voir frémit d'horreur à ces mots : il se repentit de l'imprudence de ses serments ; mais il n'était plus temps de se dédire, et ne voulut rien témoigner de son repentir à son frère, qui expira peu de temps après. Le roi Moult-Benin en eut une sensible douleur. Pour son peuple, loin de regretter Riche-Cautèle, il fut ravi que sa mort assurât la succession du royaume à Bel-à-voir, dont le mérite était chéri de tout le monde.

Finette, qui était heureusement retournée avec ses sœurs, apprit bientôt la mort de Riche-Cautèle ; et, peu de temps après, on annonça aux trois princesses le retour du roi leur père. Ce prince vint, avec empressement, dans leur tour, et son premier soin fut de demander à voir les quenouilles de verre. Noncha- lante alla quérir la quenouille de Finette et la montra au roi ; puis, ayant fait une profonde révérence, elle reporta la quenouille où elle l'avait prise. Babillarde fit le même manège ; et Finette, à son tour, apporta sa quenouille ; mais le roi, qui était soupçonneux, voulut voir les trois quenouilles à la fois. Il n'y eut que Finette qui pût montrer la sienne ; et le roi entra dans une telle fureur contre ses deux filles aînées, qu'il les envoya, à l'heure même, à la fée qui lui avait donné les quenouilles, en la priant de les garder toute leur vie auprès d'elle, et de les punir comme elles le méritaient.

Le bon naturel de Finette lui fit ressentir une douleur bien vive du destin de ses sœurs, et, au milieu de ses chagrins, elle apprit que le prince Bel-à-voir l'avait fait demander en mariage au roi son père, qui l'avait accordée sans l'en avertir ; car, dès ce temps-là, l'inclination des parties était la moindre chose que l'on considérait dans les mariages. Finette trembla à cette nou- velle ; elle craignait, avec raison, que la haine que Riche-Cautèle avait pour elle n'eût passé dans le cœur d'un frère dont il était si chéri ; et elle appréhenda que ce jeune prince ne voulût l'épouser pour la sacrifier à son frère. Pleine de cette inquiétude, la princesse alla consulter la sage fée qui l'estimait autant qu'elle avait méprisé Nonchalante et Babillarde.

La fée ne voulut rien révéler à Finette ; elle lui dit seule- ment : « Princesse, vous êtes sage et prudente : vous n'avez pris jusqu'ici des mesures si justes, pour votre conduite, qu'en vous mettant toujours dans l'esprit que défiance est mère de sûreté. Continuez de vous souvenir vivement de l'importance de cette maxime, et vous parviendrez à être heureuse sans le secours de mon art. » Finette, n'ayant pu tirer d'autre éclaircissement de la fée, s'en retourna au palais dans une extrême agitation.

Quelques jours après, cette princesse fut épousée par un ambassadeur, au nom du prince Bel-à-voir ; et on l'emmena trouver son époux, dans un équipage magnifique.

Quand Bel-à-voir la vit, il fut frappé de ses charmes ; il lui en fit compliment, mais d'une manière si confuse, que les deux cours, qui savaient combien ce prince était spirituel et galant, crurent qu'il en était si vivement touché, qu'à force d'être amou- reux il perdait sa présence d'esprit. Toute la ville retentissait de cris de joie, et l'on n'entendait, de tous côtés, que des concerts et des feux d'artifice. Enfin, après un souper magnifique, on son- gea à mener les deux époux dans leur appartement.

Finette, qui se souvenait toujours de la maxime que la fée lui avait renouvelée dans l'esprit, avait son dessein en tête. Cette princesse avait gagné une de ses femmes, qui avait la clef du ca- binet de l'appartement qu'on lui destinait, et elle avait donné ordre à cette femme de porter dans ce cabinet de la paille, une vessie, du sang de mouton, et les boyaux de quelques-uns des animaux qu'on avait mangés au souper. La princesse passa dans ce cabinet, sous quelque prétexte, et composa une figure de paille, dans laquelle elle mit les boyaux et la vessie pleine de sang. Ensuite elle ajusta cette figure en déshabillé de femme et en bonnet de nuit. Lorsque Finette eut achevé cette belle ma- rionnette, elle alla rejoindre la compagnie, et peu de temps après, on conduisit la princesse et son époux dans leur appar- tement. Quand on eut donné à la toilette le temps qu'il lui fallait donner, la dame d'honneur emporta les flambeaux et se retira. Aussitôt Finette jeta sa femme de paille dans le lit, et se cacha dans un des coins de la chambre.

Le prince, après avoir soupiré deux ou trois fois fort haut, prit son épée, et la passa au travers du corps de la prétendue Fi- nette. Au même moment, il sentit le sang ruisseler de tous côtés, et trouva la femme de paille sans mouvement. « Qu'ai-je fait ? s'écria Bel-à-voir. Quoi ! après tant de cruelles agitations ; quoi ! après avoir tant balancé si je garderais mes serments aux dé- pens d'un crime, j'ai ôté la vie à une charmante princesse que j'étais né pour aimer ! ses charmes m'ont ravi dès le moment que je l'ai vue ; cependant je n'ai pas eu la force de m'affranchir d'un serment qu'un frère possédé de fureur avait exigé de moi par une indigne surprise ! Ah ! ciel ! peut-on songer à vouloir punir une femme d'avoir de la vertu ? Eh bien ! Riche-Cautèle, j'ai satisfait ton injuste vengeance ; mais je vais venger Finette, à son tour, par ma mort. Oui, belle princesse, il faut que la même épée… »

Finette ne voulut pas qu'il fît une telle sottise ; aussi elle lui cria : « Prince, je ne suis pas morte. Votre bon cœur m'a fait de- viner votre repentir ; et, par une tromperie innocente, je vous ai épargné un crime. »

Là-dessus Finette raconta à Bel-à-voir la prévoyance qu'elle avait eue, touchant la femme de paille. Le prince, transporté de joie d'apprendre que la princesse vivait, admira la prudence qu'elle avait en toutes sortes d'occasions, et lui eut une obliga- tion infinie de lui avoir épargné un crime auquel il ne pouvait penser sans horreur.

Cependant, si Finette n'eût pas toujours été bien persuadée que défiance est mère de sûreté, elle eût été tuée, et sa mort eût été cause de celle de Bel-à-voir.

Vivent la prudence et la présence d'esprit ! elles préservè- rent ces deux époux de malheurs bien funestes, pour les réser- ver à un destin le plus doux du monde.

GRISELIDIS

À Mademoiselle ***

En vous offrant, jeune et sage Beauté, Ce modèle de Patience,

Je ne me suis jamais flatté

Que par vous de tout point il serait imité, C'en serait trop en conscience.
Mais Paris où l'homme est poli, Où le beau sexe né pour plaire Trouve son bonheur accompli,

De tous côtés est si rempli D'exemples du vice contraire, Qu'on ne peut en toute saison,

Pour s'en garder ou s'en défaire, Avoir trop de contrepoison.

Une Dame aussi patiente Que celle dont ici je relève le prix,

Serait partout une chose étonnante, Mais ce serait un prodige à Paris.

Les femmes y sont souveraines, Tout s'y règle selon leurs vœux, Enfin c'est un climat heureux

Qui n'est habité que de Reines.

Ainsi je vois que de toutes façons, Griselidis y sera peu prisée,

Et qu'elle y donnera matière de risée, Par ses trop antiques leçons.

Ce n'est pas que la Patience

Ne soit une vertu des Dames de Paris, Mais par un long usage elles ont la science De la faire exercer par leurs propres maris.

Nouvelle

Au pied des célèbres montagnes

Où le Pô s'échappant de dessous ses roseaux, Va dans le sein des prochaines campagnes Promener ses naissantes eaux,

Vivait un jeune et vaillant Prince, Les délices de sa Province :

Le Ciel, en le formant, sur lui tout à la fois Versa ce qu'il a de plus rare,

Ce qu'entre ses amis d'ordinaire il sépare, Et qu'il ne donne qu'aux grands Rois.

Comblé de tous les dons et du corps et de l'âme, Il fut robuste, adroit, propre au métier de Mars, Et par l'instinct secret d'une divine flamme, Avec ardeur il aima les beaux Arts.

Il aima les combats, il aima la victoire, Les grands projets, les actes valeureux,

Et tout ce qui fait vivre un beau nom dans l'histoire ; Mais son cœur tendre et généreux

Fut encor plus sensible à la solide gloire De rendre ses Peuples heureux.   Ce tempérament héroïque

Fut obscurci d'une sombre vapeur Qui, chagrine et mélancolique,

Lui faisait voir dans le fond de son cœur Tout le beau sexe infidèle et trompeur :

Dans la femme où brillait le plus rare mérite,

Il voyait une âme hypocrite, Un esprit d'orgueil enivré,

Un cruel ennemi qui sans cesse n'aspire Qu'à prendre un souverain empire

Sur l'homme malheureux qui lui sera livré.

Le fréquent usage du monde,

Où l'on ne voit qu'Époux subjugués ou trahis, Joint à l'air jaloux du Pays,

Accrut encor cette haine profonde. Il jura donc plus d'une fois

Que quand même le Ciel pour lui plein de tendresse Formerait une autre Lucrèce,

Jamais de l'hyménée il ne suivrait les lois.

Ainsi, quand le matin, qu'il donnait aux affaires, Il avait réglé sagement

Toutes les choses nécessaires Au bonheur du gouvernement,

Que du faible orphelin, de la veuve oppressée, Il avait conservé les droits,

Ou banni quelque impôt qu'une guerre forcée Avait introduit autrefois,

L'autre moitié de la journée A la chasse était destinée, Où les Sangliers et les Ours,

Malgré leur fureur et leurs armes Lui donnaient encor moins d'alarmes

Que le sexe charmant qu'il évitait toujours.

Cependant ses sujets que leur intérêt presse De s'assurer d'un successeur

Qui les gouverne un jour avec même douceur, À leur donner un fils le conviaient sans cesse. Un jour dans le Palais ils vinrent tous en corps Pour faire leurs derniers efforts ;

Un Orateur d'une grave apparence, Et le meilleur qui fût alors,

Dit tout ce qu'on peut dire en pareille occurrence. Il marqua leur désir pressant

De voir sortir du Prince une heureuse lignée Qui rendît à jamais leur État florissant ;

Il lui dit même en finissant Qu'il voyait un Astre naissant Issu de son chaste hyménée Qui faisait pâlir le Croissant. D'un ton plus simple et d'une voix moins forte, Le Prince à ses sujets répondit de la sorte : « Le zèle ardent, dont je vois qu'en ce jour Vous me portez aux nœuds du mariage, Me fait plaisir, et m'est de votre amour Un agréable témoignage ;

J'en suis sensiblement touché,

Et voudrais dès demain pouvoir vous satisfaire : Mais à mon sens l'hymen est une affaire

Où plus l'homme est prudent, plus il est empêché. Observez bien toutes les jeunes filles ; Tant qu'elles sont au sein de leurs familles, Ce n'est que vertu, que bonté,

Que pudeur, que sincérité, Mais sitôt que le mariage Au déguisement a mis fin, Et qu'ayant fixé leur destin

Il n'importe plus d'être sage, Elles quittent leur personnage, Non sans avoir beaucoup pâti, Et chacune dans son ménage Selon son gré prend son parti.

L'une d'humeur chagrine, et que rien ne récrée, Devient une Dévote outrée,

Qui crie et gronde à tous moments ; L'autre se façonne en Coquette,

Qui sans cesse écoute ou caquette, Et n'a jamais assez d'Amants ;

Celle-ci des beaux Arts follement curieuse, De tout décide avec hauteur,

Et critiquant le plus habile Auteur, Prend la forme de Précieuse ;

Cette autre s'érige en Joueuse,

Perd tout, argent, bijoux, bagues, meubles de prix, Et même jusqu'à ses habits. Dans la diversité des routes qu'elles tiennent, Il n'est qu'une chose où je vois

Qu'enfin toutes elles conviennent, C'est de vouloir donner la loi.

Or je suis convaincu que dans le mariage On ne peut jamais vivre heureux,

Quand on y commande tous deux ;

Si donc vous souhaitez qu'à l'hymen je m'engage, Cherchez une jeune Beauté

Sans orgueil et sans vanité, D'une obéissance achevée, D'une patience éprouvée,

Et qui n'ait point de volonté,

Je la prendrai quand vous l'aurez trouvée. Le Prince ayant mis fin à ce discours moral,
Monte brusquement à cheval,

Et court joindre à perte d'haleine

Sa meute qui l'attend au milieu de la plaine.

Après avoir passé des prés et des guérets,

Il trouve ses Chasseurs couchés sur l'herbe verte ; Tous se lèvent et tous alertes,

Font trembler de leurs cors les hôtes des forêts. Des chiens courants l'aboyante famille,

Deçà, delà, parmi le chaume brille, Et les limiers à l'œil ardent

Qui du fort de la Bête à leur poste reviennent, Entraînent en les regardant

Les forts valets qui les retiennent.

S'étant instruit par un des siens

Si tout est prêt, si l'on est sur la trace,

Il ordonne aussitôt qu'on commence la chasse, Et fait donner le Cerf aux chiens.

Le son des cors qui retentissent,

Le bruit des chevaux qui hennissent

Et des chiens animés les pénétrants abois, Remplissent la forêt de tumulte et de
trouble, Et pendant que l'écho sans cesse les redouble,

S'enfoncent avec eux dans les plus creux du bois.

Le Prince, par hasard ou par sa destinée, Prit une route détournée

Où nul des Chasseurs ne le suit ; Plus il court, plus il s'en sépare : Enfin à tel point il
s'égare

Que des chiens et des cors il n'entend plus le bruit.

L'endroit où le mena sa bizarre aventure, Clair de ruisseaux et sombre de verdure,
Saisissait les esprits d'une secrète horreur ; La simple et naïve Nature

S'y faisait voir et si belle et si pure, Que mille fois il bénit son erreur.
Rempli des douces rêveries

Qu'inspirent les grands bois, les eaux et les prairies, Il sent soudain frapper et son cœur
et ses yeux

Par l'objet le plus agréable,

Le plus doux et le plus aimable Qu'il eût jamais vu sous les Cieux.

C'était une jeune Bergère

Qui filait aux bords d'un ruisseau, Et qui conduisant son troupeau, D'une main sage et ménagère Tournait son agile fuseau.

Elle aurait pu dompter les cœurs les plus sauvages ; Des lys, son teint a la blancheur,

Et sa naturelle fraîcheur

S'était toujours sauvée à l'ombre des bocages : Sa bouche, de l'enfance avait tout l'agrément, Et ses yeux qu'adoucit une brune paupière, Plus bleus que n'est le firmament,

Avaient aussi plus de lumière.

Le Prince, avec transport, dans le bois se glissant, Contemple les beautés dont son âme est émue, Mais le bruit qu'il fait en passant

De la Belle sur lui fit détourner la vue ; Dès qu'elle se vit aperçue,

D'un brillant incarnat la prompte et vive ardeur De son beau teint redoubla la splendeur,

Et sur son visage épandue, Y fit triompher la pudeur.

Sous le voile innocent de cette honte aimable, Le Prince découvrit une simplicité,

Une douceur, une sincérité,

Dont il croyait le beau sexe incapable, Et qu'il voit là dans toute leur beauté.
Saisi d'une frayeur pour lui toute nouvelle,

Il s'approche interdit, et plus timide qu'elle, Lui dit d'une tremblante voix,

Que de tous ses veneurs il a perdu la trace, Et lui demande si la chasse

N'a point passé quelque part dans le bois.

Rien n'a paru, Seigneur, dans cette solitude, dit-elle, et nul ici que vous seul n'est venu ; Mais n'ayez point d'inquiétude,

Je remettrai vos pas sur un chemin connu.

De mon heureuse destinée

Je ne puis, lui dit-il, trop rendre grâce aux Dieux ; Depuis longtemps je fréquente ces lieux,

Mais j'avais ignoré jusqu'à cette journée Ce qu'ils ont de plus précieux.
Dans ce temps elle voit que le Prince se baisse Sur le moite bord du ruisseau,

Pour étancher dans le cours de son eau La soif ardente qui le presse.

Seigneur, attendez un moment, dit-elle, et courant promptement

Vers sa cabane, elle y prend une tasse Qu'avec joie et de bonne grâce,

Elle présente à ce nouvel Amant.

Les vases précieux de cristal et d'agate Où l'or en mille endroits éclate,

Et qu'un Art curieux avec soin façonna,

N'eurent jamais pour lui, dans leur pompe inutile, Tant de beauté que le vase d'argile

Que la Bergère lui donna.

Cependant pour trouver une route facile Qui mène le Prince à la Ville,

Ils traversent des bois, des rochers escarpés Et de torrents entrecoupés ;

Le Prince n'entre point dans de route nouvelle Sans en bien observer tous les lieux d'alentour, Et son ingénieux Amour

Qui songeait au retour,

En fit une carte fidèle.

Dans un bocage sombre et frais Enfin la Bergère le mène,

Où de dessous ses branchages épais Il voit au loin dans le sein de la plaine Les toits dorés de son riche Palais.

S'étant séparé de la Belle, Touché d'une vive douleur, À pas lents il s'éloigne d'Elle,

Chargé du trait qui lui perce le cœur ; Le souvenir de sa tendre aventure Avec plaisir le conduisit chez lui.

Mais dès le lendemain il sentit sa blessure, Et se vit accablé de tristesse et d'ennui.
Dès qu'il le peut il retourne à la chasse, Où de sa suite adroitement

Il s'échappe et se débarrasse Pour s'égarer heureusement.

Des arbres et des monts les cimes élevées, Qu'avec grand soin il avait observées,

Et les avis secrets de son fidèle Amour,

Le guidèrent si bien que malgré les traverses De cent routes diverses,

De sa jeune Bergère il trouva le séjour.

Il sut qu'elle n'a plus que son Père avec elle, Que Griselidis on l'appelle,

Qu'ils vivent doucement du lait de leurs brebis,

Et que de leur toison qu'elle seule elle file, Sans avoir recours à la Ville,

Ils font eux-mêmes leurs habits.

Plus il la voit, plus il s'enflamme Des vives beautés de son âme ;

Il connaît en voyant tant de dons précieux, Que si la Bergère est si belle,

C'est qu'une légère étincelle

De l'esprit qui l'anime a passé dans ses yeux.

Il ressent une joie extrême

D'avoir si bien placé ses premières amours ; Ainsi sans plus tarder, il fit dès le jour même Assembler son Conseil et lui tint ce discours :

Enfin aux Lois de l'Hyménée

Suivant vos vœux je me vais engager ;

Je ne prends point ma femme en Pays étranger, Je la prends parmi vous, belle, sage, bien née, Ainsi que mes aïeux ont fait plus d'une fois, Mais j'attendrai cette grande journée

À vous informer de mon choix. Dès que la nouvelle fut sue,

Partout elle fut répandue.

On ne peut dire avec combien d'ardeur L'allégresse publique

De tous côtés s'explique ;

Le plus content fut l'Orateur, Qui par son discours pathétique

Croyait d'un si grand bien être l'unique Auteur. Qu'il se trouvait homme de conséquence !

Rien ne peut résister à la grande éloquence, disait-il sans cesse en son cœur.
Le plaisir fut de voir le travail inutile

Des Belles de toute la Ville

Pour s'attirer et mériter le choix

Du Prince leur Seigneur, qu'un air chaste et modeste Charmait uniquement et plus que tout le reste,

Ainsi qu'il l'avait dit cent fois.   D'habit et de maintien toutes elles changèrent, D'un ton dévot elles toussèrent,

Elles radoucirent leurs voix,

De demi-pieds les coiffures baissèrent,

La gorge se couvrit, les manches s'allongèrent, À peine on leur voyait le petit bout de doigts.

Dans la Ville avec diligence,

Pour l'Hymen dont le jour s'avance, On voit travailler tous les Arts :

Ici se font de magnifiques chars D'une forme toute nouvelle,

Si beaux et si bien inventés, Que l'or qui partout étincelle En fait la moindre des beautés.

Là, pour voir aisément et sans aucun obstacle Toute la pompe du spectacle,

On dresse de longs échafauds, Ici de grands Arcs triomphaux

Où du Prince guerrier se célèbre la gloire, Et de l'Amour sur lui l'éclatante victoire. Là, sont forgés d'un art industrieux,

Ces feux qui par les coups d'un innocent tonnerre, En effrayant la Terre,

De mille astres nouveaux embellissent les Cieux. Là d'un ballet ingénieux

Se concerte avec soin l'agréable folie, Et là d'un Opéra peuplé de mille Dieux,

Le plus beau que jamais ait produit l'Italie,

On entend répéter les airs mélodieux.

Enfin, du fameux Hyménée, Arriva la grande journée.

Sur le fond d'un Ciel vif et pur, À peine l'Aurore vermeille Confondait l'or avec l'azur,

Que partout en sursaut le beau sexe s'éveille ; Le Peuple curieux s'épand de tous côtés,

En différents endroits des Gardes sont postés Pour contenir la Populace,

Et la contraindre à faire place. Tout le Palais retentit de clairons,

De flûtes, de hautbois, de rustiques musettes, Et l'on n'entend aux environs

Que des tambours et des trompettes.

Enfin le Prince sort entouré de sa Cour, Il s'élève un long cri de joie,

Mais on est bien surpris quand au premier détour, De la Forêt prochaine on voit qu'il prend la voie, Ainsi qu'il faisait chaque jour.

Voilà, dit-on, son penchant qui l'emporte, Et de ses passions, en dépit de l'Amour, La Chasse est toujours la plus forte.

Il traverse rapidement

Les guérets de la plaine et gagnant la montagne, Il entre dans le bois au grand étonnement

De la Troupe qui l'accompagne.

Après avoir passé par différents détours,

Que son cœur amoureux se plaît à reconnaître, Il trouve enfin la cabane champêtre,

Où logent ses tendres amours.

Griselidis de l'Hymen informée, Par la voix de la Renommée,

En avait pris son bel habillement ;

Et pour en aller voir la pompe magnifique, De dessous sa case rustique

Sortait en ce même moment.

« Où courez-vous si prompte et si légère ? Lui dit le Prince en l'abordant

Et tendrement la regardant ;

Cessez de vous hâter, trop aimable Bergère : La noce où vous allez, et dont je suis l'Époux, Ne saurait se faire sans vous.

Oui, je vous aime, et je vous ai choisie Entre mille jeunes beautés,

Pour passer avec vous le reste de ma vie, Si toutefois mes vœux ne sont pas rejetés.

Ah ! dit-elle, Seigneur, je n'ai garde de croire Que je sois destinée à ce comble de gloire, Vous cherchez à vous divertir.

Non, non, dit-il, je suis sincère, J'ai déjà pour moi votre Père,

(Le Prince avait eu soin de l'en faire avertir). Daignez, Bergère, y consentir,

C'est là tout ce qui reste à faire.

Mais afin qu'entre nous une solide paix Éternellement se maintienne,

Il faudrait me jurer que vous n'aurez jamais D'autre volonté que la mienne.   Je le jure, dit-elle, et je vous le promets ; Si j'avais épousé le moindre du Village, J'obéirais, son joug me serait doux ; Hélas ! combien donc davantage,

Si je viens à trouver en vous

Et mon Seigneur et mon Époux. »

Ainsi le Prince se déclare,

Et pendant que la Cour applaudit à son choix, Il porte la Bergère à souffrir qu'on la pare

Des ornements qu'on donne aux Épouses des Rois. Celles qu'à cet emploi leur devoir intéresse Entrent dans la cabane, et là diligemment

Mettent tout leur savoir et toute leur adresse À donner de la grâce à chaque ajustement.

Dans cette Hutte où l'on se presse Les Dames admirent sans cesse Avec quel art la Pauvreté

S'y cache sous la Propreté ; Et cette rustique Cabane,

Que couvre et rafraîchit un spacieux Platane, Leur semble un séjour enchanté.

Enfin, de ce Réduit sort pompeuse et brillante La Bergère charmante ;

Ce ne sont qu'applaudissements

Sur sa beauté, sur ses habillements ; Mais sous cette pompe étrangère

Déjà plus d'une fois le Prince a regretté Des ornements de la Bergère L'innocente simplicité.

Sur un grand char d'or et d'ivoire,

La Bergère s'assied pleine de majesté ; Le Prince y monte avec fierté,

Et ne trouve pas moins de gloire

À se voir comme Amant assis à son côté

Qu'à marcher en triomphe après une victoire ; La Cour les suit et tous gardent le rang

Que leur donne leur charge ou l'éclat de leur sang.

La Ville dans les champs presque toute sortie Couvrait les plaines d'alentour,

Et du choix du Prince avertie,

Avec impatience attendait son retour.

Il paraît, on le joint. Parmi l'épaisse foule Du Peuple qui se fend le char à peine roule ;

Par les longs cris de joie à tout coup redoublés Les chevaux émus et troublés

Se cabrent, trépignent, s'élancent, Et reculent plus qu'ils n'avancent.
Dans le Temple on arrive enfin, Et là par la chaîne éternelle

D'une promesse solennelle,

Les deux Époux unissent leur destin ; Ensuite au Palais ils se rendent,

Où mille plaisirs les attendent,

Où la Danse, les Jeux, les Courses, les Tournois,

Répandent l'allégresse en différents endroits ; Sur le soir le blond Hyménée

De ses chastes douceurs couronna la journée.

Le lendemain, les différents États De toute la Province

Accourent haranguer la Princesse et le Prince Par la voix de leurs Magistrats.
De ses Dames environnée, Griselidis, sans paraître étonnée, En Princesse les entendit,

En Princesse leur répondit.

Elle fit toute chose avec tant de prudence, Qu'il sembla que le Ciel eût versé ses trésors Avec encor plus d'abondance

Sur son âme que sur son corps.

Par son esprit, par ses vives lumières,

Du grand monde aussitôt elle prit les manières, Et même dès le premier jour

Des talents, de l'humeur des Dames de sa Cour, Elle se fit si bien instruire,

Que son bon sens jamais embarrassé Eut moins de peine à les conduire Que ses brebis du temps passé.

Avant la fin de l'an, des fruits de l'Hyménée Le Ciel bénit leur couche fortunée ;

Ce ne fut pas un Prince, on l'eût bien souhaité ; Mais la jeune Princesse avait tant de beauté Que l'on ne songea plus qu'à conserver sa vie ; Le Père qui lui trouve un air doux et charmant La venait voir de moment en moment,

Et la Mère encor plus ravie La regardait incessamment.

Elle voulut la nourrir elle-même :

Ah ! dit-elle, comment m'exempter de l'emploi

Que ses cris demandent de moi Sans une ingratitude extrême ? Par un motif de Nature ennemi

Pourrais-je bien vouloir de mon Enfant que j'aime N'être la Mère qu'à demi ?

Soit que le Prince eût l'âme un peu moins enflammée Qu'aux premiers jours de son ardeur,

Soit que de sa maligne humeur La masse se fût rallumée,

Et de son épaisse fumée

Eût obscurci ses sens et corrompu son cœur, Dans tout ce que fait la Princesse,

Il s'imagine voir peu de sincérité. Sa trop grande vertu le blesse,

C'est un piège qu'on tend à sa crédulité ; Son esprit inquiet et de trouble agité Croit tous les soupçons qu'il écoute,

Et prend plaisir à révoquer en doute L'excès de sa félicité.

Pour guérir les chagrins dont son âme est atteinte, Il la suit, il l'observe, il aime à la troubler

Par les ennuis de la contrainte, Par les alarmes de la crainte, Par tout ce qui peut démêler La vérité d'avec la feinte.

C'est trop, dit-il, me laisser endormir ; Si ses vertus sont véritables,

Les traitements les plus insupportables Ne feront que les affermir.

Dans son Palais il la tient resserrée,

Loin de tous les plaisirs qui naissent à la Cour, Et dans sa chambre, où seule elle vit retirée,

À peine il laisse entrer le jour. Persuadé que la Parure

Et le superbe Ajustement

Du sexe que pour plaire a formé la Nature Est le plus doux enchantement

Il lui demande avec rudesse

Les perles, les rubis, les bagues, les bijoux Qu'il lui donna pour marque de tendresse, Lorsque de son Amant il devint son Époux.

Elle dont la vie est sans tache, Et qui n'a jamais eu d'attache Qu'à s'acquitter de son devoir, Les lui donne sans s'émouvoir,

Et même, le voyant se plaire à les reprendre,

N'a pas moins de joie à les rendre Qu'elle en eut à les recevoir.

Pour m'éprouver mon Époux me tourmente, Dit-elle, et je vois bien qu'il ne me fait souffrir Qu'afin de réveiller ma vertu languissante, Qu'un doux et long repos pourrait faire périr. S'il n'a pas ce dessein, du moins suis-je assurée Que telle est du Seigneur la conduite sur moi Et que de tant de maux l'ennuyeuse durée N'est que pour exercer ma constance et ma foi.

Pendant que tant de malheureuses Errent au gré de leurs désirs

Par mille routes dangereuses, Après de faux et vains plaisirs ;

Pendant que le Seigneur dans sa lente justice Les laisse aller aux bords du précipice

Sans prendre part à leur danger,

Par un pur mouvement de sa bonté suprême, Il me choisit comme un enfant qu'il aime,

Et s'applique à me corriger.

Aimons donc sa rigueur utilement cruelle, On n'est heureux qu'autant qu'on a souffert, Aimons sa bonté paternelle

Et la main dont elle se sert.

Le Prince a beau la voir obéir sans contrainte À tous ses ordres absolus :

Je vois le fondement de cette vertu feinte,

dit-il, et ce qui rend tous mes coups superflus, C'est qu'ils n'ont porté leur atteinte

Qu'à des endroits où son amour n'est plus. Dans son Enfant, dans la jeune Princesse,

Elle a mis toute sa tendresse ; À l'éprouver si je veux réussir,

C'est là qu'il faut que je m'adresse, C'est là que je puis m'éclaircir. »

Elle venait de donner la mamelle

Au tendre objet de son amour ardent, Qui couché sur son sein se jouait avec elle, Et riait en la regardant :

Je vois que vous l'aimez, lui dit-il, cependant

Il faut que je vous l'ôte en cet âge encor tendre, Pour lui former les mœurs et pour la préserver

De certains mauvais airs qu'avec vous l'on peut prendre ; Mon heureux sort m'a fait trouver

Une Dame d'esprit qui saura l'élever Dans toutes les vertus et dans la politesse Que doit avoir une Princesse.

Disposez-vous à la quitter, On va venir pour l'emporter.

Il la laisse à ces mots, n'ayant pas le courage, Ni les yeux assez inhumains,

Pour voir arracher de ses mains De leur amour l'unique gage ;

Elle de mille pleurs se baigne le visage, Et dans un morne accablement

Attend de son malheur le funeste moment.

Dès que d'une action si triste et si cruelle Le ministre odieux à ses yeux se montra,
Il faut obéir, lui dit-elle ;

Puis prenant son Enfant qu'elle considéra, Qu'elle baisa d'une ardeur maternelle,

Qui de ses petits bras tendrement la serra, Tout en pleurs elle le livra.

Ah ! que sa douleur fut amère ! Arracher l'enfant ou le cœur Du sein d'une si tendre
Mère, C'est la même douleur.

Près de la Ville était un Monastère, Fameux par son antiquité,

Où des Vierges vivaient dans une règle austère, Sous les yeux d'une Abbesse illustre en
piété.

Ce fut là que dans le silence, Et sans déclarer sa naissance,

On déposa l'Enfant, et des bagues de prix, Sous l'espoir d'une récompense

Digne des soins que l'on en aurait pris.

Le Prince qui tâchait d'éloigner par la chasse Le vif remords qui l'embarrasse

Sur l'excès de sa cruauté, Craignait de revoir la Princesse,

Comme on craint de revoir une fière Tigresse À qui son faon vient d'être ôté ;

Cependant il en fut traité Avec douceur, avec caresse, Et même avec cette tendresse

Qu'elle eut aux plus beaux jours de sa prospérité.

Par cette complaisance et si grande et si prompte, Il fut touché de regret et de honte ;

Mais son chagrin demeura le plus fort :

Ainsi, deux jours après, avec des larmes feintes, Pour lui porter encor de plus vives
atteintes,

Il lui vint dire que la Mort

De leur aimable Enfant avait fini le sort.

Ce coup inopiné mortellement la blesse, Cependant malgré sa tristesse,

Ayant vu son Époux qui changeait de couleur,

Elle parut oublier son malheur, Et n'avoir même de tendresse

Que pour le consoler de sa fausse douleur.

Cette bonté, cette ardeur sans égale D'amitié conjugale,

Du Prince tout à coup désarmant la rigueur, Le touche, le pénètre et lui change le cœur, Jusque-là qu'il lui prend envie

De déclarer que leur Enfant Jouit encore de la vie ;

Mais sa bile s'élève et fière lui défend De rien découvrir du mystère

Qu'il peut être utile de taire.

Dès ce bienheureux jour telle des deux Époux Fut la mutuelle tendresse,

Qu'elle n'est point plus vive aux moments les plus doux

Entre l'Amant et la Maîtresse.

Quinze fois le Soleil, pour former les saisons, Habita tour à tour dans ses douze maisons, Sans rien voir qui les désunisse ;

Que si quelquefois par caprice Il prend plaisir à la fâcher, C'est seulement pour empêcher Que l'amour ne se ralentisse,

Tel que le Forgeron qui pressant son labeur, Répand un peu d'eau sur la braise

De sa languissante fournaise Pour en redoubler la chaleur. Cependant la jeune Princesse Croissait en esprit, en sagesse ; À la douceur, à la naïveté

Qu'elle tenait de son aimable Mère, Elle joignit de son illustre Père L'agréable et noble fierté ;

L'amas de ce qui plaît dans chaque caractère Fit une parfaite beauté.
Partout comme un Astre elle brille ; Et par hasard un Seigneur de la Cour,

Jeune, bien fait et plus beau que le jour, L'ayant vu paraître à la grille,

Conçut pour elle un violent amour.

Par l'instinct qu'au beau sexe a donné la Nature

Et que toutes les Beautés ont De voir l'invisible blessure

Que font leur yeux, au moment qu'ils la font, La Princesse fut informée

72

Qu'elle était tendrement aimée.

Après avoir quelque temps résisté Comme on le doit avant que de se rendre, D'un amour également tendre

Elle l'aima de son côté.

Dans cet Amant, rien n'était à reprendre, Il était beau, vaillant, né d'illustres aïeux Et dès longtemps pour en faire son Gendre Sur lui le Prince avait jeté les yeux.

Ainsi donc avec joie il apprit la nouvelle De l'ardeur tendre et mutuelle

Dont brûlaient ces jeunes Amants ; Mais il lui prit une bizarre envie

De leur faire acheter par de cruels tourments Le plus grand bonheur de leur vie.
Je me plairai, dit-il, à les rendre contents ;

Mais il faut que l'Inquiétude,

Par tout ce qu'elle a de plus rude,

Rende encor leurs feux plus constants ; De mon Épouse en même temps J'exercerai la patience,

Non point, comme jusqu'à ce jour, Pour assurer ma folle défiance,

Je ne dois plus douter de son amour ;

Mais pour faire éclater aux yeux de tout le Monde Sa Bonté, sa Douceur, sa Sagesse profonde,

Afin que de ces dons si grands, si précieux, La Terre se voyant parée,

En soit de respect pénétrée,

Et par reconnaissance en rende grâce aux Cieux.

Il déclare en public que manquant de lignée, En qui l'État un jour retrouve son Seigneur, Que la fille qu'il eut de son fol hyménée Étant morte aussitôt que née,

Il doit ailleurs chercher plus de bonheur ;

Que l'Épouse qu'il prend est d'illustre naissance, Qu'en un Convent on l'a jusqu'à ce jour

Fait élever dans l'innocence,

Et qu'il va par l'hymen couronner son amour.

On peut juger à quel point fut cruelle

Aux deux jeunes Amants cette affreuse nouvelle ; Ensuite, sans marquer ni chagrin, ni douleur,

Il avertit son Épouse fidèle Qu'il faut qu'il se sépare d'elle Pour éviter un extrême malheur ;

Que le Peuple indigné de sa basse naissance Le force à prendre ailleurs une digne alliance.

Il faut, dit-il, vous retirer

Sous votre toit de chaume et de fougère Après avoir repris vos habits de Bergère Que je vous ai fait préparer.

Avec une tranquille et muette constance,

La Princesse entendit prononcer sa sentence ; Sous les dehors d'un visage serein

Elle dévorait son chagrin,

Et sans que la douleur diminuât ses charmes, De ses beaux yeux tombaient de grosses larmes, Ainsi que quelquefois au retour du Printemps, Il fait Soleil et pleut en même temps.
Vous êtes mon Époux, mon Seigneur, et mon Maître, (dit-elle en soupirant, prête à s'évanouir),

Et quelque affreux que soit ce que je viens d'ouïr, Je saurai vous faire connaître

Que rien ne m'est si cher que de vous obéir.

Dans sa chambre aussitôt seule elle se retire, Et là se dépouillant de ses riches habits,

Elle reprend paisible et sans rien dire, Pendant que son cœur en soupire,

Ceux qu'elle avait en gardant ses brebis. En cet humble et simple équipage,

Elle aborde le Prince et lui tient ce langage :

Je ne puis m'éloigner de vous

Sans le pardon d'avoir su vous déplaire ; Je puis souffrir le poids de ma misère,

Mais je ne puis, Seigneur, souffrir votre courroux ; Accordez cette grâce à mon regret sincère,

Et je vivrai contente en mon triste séjour, Sans que jamais le Temps altère

Ni mon humble respect, ni mon fidèle amour.

Tant de soumission et tant de grandeur d'âme Sous un si vil habillement,

Qui dans le cœur du Prince en ce même moment Réveilla tous les traits de sa première flamme, Allaient casser l'arrêt de son bannissement.

Ému par de si puissants charmes,

Et prêt à répandre des larmes, Il commençait à s'avancer Pour l'embrasser,

Quand tout à coup l'impérieuse gloire D'être ferme en son sentiment

Sur son amour remporta la victoire,

Et le fit en ces mots répondre durement :

De tout le temps passé j'ai perdu la mémoire, Je suis content de votre repentir,

Allez, il est temps de partir.

Elle part aussitôt, et regardant son Père Qu'on avait revêtu de son rustique habit, Et qui, le cœur percé d'une douleur amère,

Pleurait un changement si prompt et si subit : Retournons, lui dit-elle, en nos sombres bocages, Retournons habiter nos demeures sauvages,

Et quittons sans regret la pompe des Palais ; Nos cabanes n'ont pas tant de magnificence, Mais on y trouve avec plus d'innocence,

Un plus ferme repos, une plus douce paix.

Dans son désert à grand-peine arrivée, Elle reprend et quenouille et fuseaux, Et va filer au bord des mêmes eaux

Où le Prince l'avait trouvée.

Là son cœur tranquille et sans fiel Cent fois le jour demande au Ciel

Qu'il comble son Époux de gloire, de richesses, Et qu'à tous ses désirs il ne refuse rien ;

Un Amour nourri de caresses N'est pas plus ardent que le sien.

Ce cher Époux qu'elle regrette Voulant encore l'éprouver,

Lui fait dire dans sa retraite Qu'elle ait à le venir trouver.

Griselidis, dit-il, dès qu'elle se présente,

Il faut que la Princesse à qui je dois demain Dans le Temple donner la main,

De vous et de moi soit contente.

Je vous demande ici tous vos soins, et je veux Que vous m'aidiez à plaire à l'objet de mes vœux ; Vous savez de quel air il faut que l'on me serve, Point d'épargne, point de réserve ;

Que tout sente le Prince, et le Prince amoureux.

Employez toute votre adresse À parer son appartement, Que l'abondance, la richesse, La propreté, la politesse

S'y fasse voir également ; Enfin songez incessamment Que c'est une jeune Princesse Que j'aime tendrement.

Pour vous faire entrer davantage Dans les soins de votre devoir, Je veux ici vous faire voir

Celle qu'à bien servir mon ordre vous engage.

Telle qu'aux Portes du Levant Se montre la naissante Aurore, Telle parut en arrivant

La Princesse plus belle encore.

Griselidis à son abord

Dans le fond de son cœur sentit un doux transport De la tendresse maternelle ;

Du temps passé, de ses jours bienheureux, Le souvenir en son cœur se rappelle : Hélas ! ma fille, en soi-même dit-elle,

Si le Ciel favorable eût écouté mes vœux,

Serait presque aussi grande, et peut-être aussi belle.

Pour la jeune Princesse en ce même moment Elle prit un amour si vif, si véhément, Qu'aussitôt qu'elle fut absente,

En cette sorte au Prince elle parla,

Suivant, sans le savoir, l'instinct qui s'en mêla :

« Souffrez, Seigneur, que je vous représente Que cette Princesse charmante,

Dont vous allez être l'Époux,

Dans l'aise, dans l'éclat, dans la pourpre nourrie, Ne pourra supporter, sans en perdre la vie,

Les mêmes traitements que j'ai reçus de vous.

Le besoin, ma naissance obscure, M'avaient endurcie aux travaux.

Et je pouvais souffrir toutes sortes de maux Sans peine et même sans murmure ;

Mais elle qui jamais n'a connu la douleur, Elle mourra dès la moindre rigueur,

Dès la moindre parole un peu sèche, un peu dure. Hélas ! Seigneur, je vous conjure

De la traiter avec douceur.

Songez, lui dit le Prince avec un ton sévère, À me servir selon votre pouvoir,

Il ne faut pas qu'une simple Bergère Fasse des leçons, et s'ingère

De m'avertir de mon devoir. Griselidis, à ces mots, sans rien dire, Baisse les yeux et se retire.

Cependant pour l'Hymen les Seigneurs invités, Arrivèrent de tous côtés ;

Dans une magnifique salle Où le Prince les assembla

Avant que d'allumer la torche nuptiale, En cette sorte il leur parla :

Rien au monde, après l'Espérance, N'est plus trompeur que l'Apparence ;

Ici l'on en peut voir un exemple éclatant. Qui ne croirait que ma jeune Maîtresse, Que l'Hymen va rendre Princesse,

Ne soit heureuse et n'ait le cœur content ?

Il n'en est rien pourtant.

Qui pourrait s'empêcher de croire

Que ce jeune Guerrier amoureux de la gloire N'aime à voir cet Hymen, lui qui dans les Tournois Va sur tous ses Rivaux remporter la victoire ?

Cela n'est pas vrai toutefois.

Qui ne croirait encor qu'en sa juste colère, Griselidis ne pleure et ne se désespère ?

Elle ne se plaint point, elle consent à tout, Et rien n'a pu pousser sa patience à bout.

Qui ne croirait enfin que de ma destinée, Rien ne peut égaler la course fortunée,

En voyant les appas de l'objet de mes vœux ? Cependant si l'Hymen me liait de ses nœuds, J'en concevrais une douleur profonde,

Et de tous les Princes du Monde

Je serais le plus malheureux.

L'Énigme vous paraît difficile à comprendre ; Deux mots vont vous la faire entendre,

Et ces deux mots feront évanouir

Tous les malheurs que vous venez d'ouïr.

Sachez, poursuivit-il, que l'aimable Personne Que vous croyez m'avoir blessé le cœur,

Est ma Fille, et que je la donne Pour Femme à ce jeune Seigneur Qui l'aime d'un amour extrême,

Et dont il est aimé de même.

Sachez encor, que touché vivement De la patience et du zèle

De l'Épouse sage et fidèle Que j'ai chassé indignement,

Je la reprends, afin que je répare,

Par tout ce que l'amour peut avoir de plus doux, Le traitement dur et barbare

Qu'elle a reçu de mon esprit jaloux.

Plus grande sera mon étude À prévenir tous ses désirs,

Qu'elle ne fut dans mon inquiétude À l'accabler de déplaisirs ;

Et si dans tous les temps doit vivre la mémoire Des ennuis dont son cœur ne fut point abattu, Je veux que plus encore on parle de la gloire Dont j'aurai couronné sa suprême vertu.

Comme quand un épais nuage A le jour obscurci,

Et que le Ciel de toutes parts noirci, Menace d'un affreux orage ;

Si de ce voile obscur par les vents écarté Un brillant rayon de clarté

Se répand sur le paysage, Tout rit et reprend sa beauté ;

Telle, dans tous les yeux où régnait la tristesse, Éclate tout à coup une vive allégresse. Par ce prompt éclaircissement, La jeune Princesse ravie

D'apprendre que du Prince elle a reçu la vie

Se jette à ses genoux qu'elle embrasse ardemment. Son père qu'attendrit une fille si chère,

La relève, la baise, et la mène à sa mère, À qui trop de plaisir en un même moment Ôtait presque tout sentiment.

Son cœur, qui tant de fois en proie

Aux plus cuisants traits du malheur, Supporta si bien la douleur, Succombe au doux poids de la joie ;

À peine de ses bras pouvait-elle serrer L'aimable Enfant que le Ciel lui renvoie, Elle ne pouvait que pleurer.

Assez dans d'autres temps vous pourrez satisfaire, Lui dit le Prince, aux tendresses du sang ; Reprenez les habits qu'exige votre rang,

Nous avons des noces à faire.

Au Temple on conduisit les deux jeunes Amants, Où la mutuelle promesse

De se chérir avec tendresse

Affermit pour jamais leurs doux engagements.

Ce ne sont que Plaisirs, que Tournois magnifiques, Que Jeux, que Danses, que Musiques,

Et que Festins délicieux,

Où sur Griselidis se tournent tous les yeux,

Où sa patience éprouvée Jusques au Ciel est élevée Par mille éloges glorieux :

Des Peuples réjouis la complaisance est telle Pour leur Prince capricieux,

Qu'ils vont jusqu'à louer son épreuve cruelle, A qui d'une vertu si belle,

Si séante au beau sexe, et si rare en tous lieux, On doit un si parfait modèle.

À monsieur ***

En lui envoyant Griselidis

Si je m'étais rendu à tous les différents avis qui m'ont été donnés sur l'ouvrage que je vous envoie, il n'y serait rien de- meuré que le conte tout sec et tout uni, et en ce cas j'aurais mieux fait de n'y pas toucher et de le laisser dans son papier bleu où il est depuis tant d'années. Je le lus d'abord à deux de mes amis. « Pourquoi, dit l'un, s'étendre si fort sur le caractère de votre héros ? Qu'a-t-on à faire de savoir ce qu'il faisait le ma- tin dans son conseil, et moins encore à quoi il se divertissait l'après-dînée ? Tout cela est bon à retrancher.

—   Ôtez-moi, je vous prie, dit l'autre, la réponse enjouée qu'il fait aux députés de son peuple qui le pressent de se ma- rier ; elle ne convient point à un prince grave et sérieux. Vous voulez bien encore, poursuivit-il, que je vous conseille de sup- primer la longue description de votre chasse ? Qu'importe tout cela au fond de votre histoire ? Croyez-moi, ce sont de vains et ambitieux ornements, qui appauvrissent votre poème au lieu de l'enrichir. Il en est de même, ajouta-t-il, des préparatifs qu'on fait pour le mariage du prince, tout cela est oiseux et inutile. Pour vos dames qui rabaissent leurs coiffures, qui couvrent leurs gorges, et qui allongent leurs manches, froide plaisanterie aussi bien que celle de l'orateur qui s'applaudit de son élo- quence.

—   Je demande encore, reprit celui qui avait parlé le pre- mier, que vous ôtiez les réflexions chrétiennes de Griselidis, qui dit que c'est Dieu qui veut l'éprouver ; c'est un sermon hors de sa place. Je ne saurais encore souffrir les inhumanités de votre prince, elles me mettent en colère, je les supprimerais. Il est vrai qu'elles sont de l'histoire, mais il n'importe. J'ôterais encore l'épisode du jeune seigneur qui n'est là que pour épouser la jeune Princesse, cela allonge trop votre conte.

—   Mais, lui dis-je, le conte finirait mal sans cela.

— Je ne saurais que vous dire, répondit-il, je ne laisserais pas que de l'ôter. » À quelques jours de là, je fis la même lecture à deux autres de mes amis, qui ne me dirent pas un seul mot sur les endroits dont je viens de parler, mais qui en reprirent quan- tité d'autres. « Bien loin de me plaindre de la rigueur de votre critique, leur dis-je, je me plains de ce qu'elle n'est pas assez sé- vère : vous m'avez passé une infinité d'endroits que l'on trouve très dignes de censure.

— Comme quoi ? dirent-ils.

— On trouve, leur dis-je, que le caractère du prince est trop étendu, et qu'on n'a que faire de savoir ce qu'il faisait le matin et encore moins l'après-dînée.

— On se moque de vous, dirent-ils tous deux ensemble, quand on vous fait de semblables critiques.

— On blâme, poursuivis-je, la réponse que fait le prince à ceux qui le pressent de se marier, comme trop enjouée et in- digne d'un prince grave et sérieux.

— Bon, reprit l'un d'eux ; et où est l'inconvénient qu'un jeune prince d'Italie, pays où l'on est accoutumé à voir les hommes les plus graves et les plus élevés en dignité dire des plaisanteries, et qui d'ailleurs fait profession de mal parler et des femmes et du mariage, matières si sujettes à la raillerie, se soit un peu réjoui sur cet article ? Quoi qu'il en soit, je vous de- mande grâce pour cet endroit comme pour celui de l'orateur qui croyait avoir converti le prince, et pour le rabaissement des coiffures ; car ceux qui n'ont pas aimé la réponse enjouée du prince, ont bien la mine d'avoir fait main basse sur ces deux endroits-là.

— Vous l'avez deviné, lui dis-je. Mais d'un autre côté, ceux qui n'aiment que les choses plaisantes n'ont pu souffrir les ré- flexions chrétiennes de la princesse, qui dit que c'est Dieu qui la veut éprouver. Ils prétendent que c'est un sermon hors de pro- pos. —
Hors de propos ? reprit l'autre ; non seulement ces ré- flexions conviennent au sujet, mais elles y sont absolument né- cessaires. Vous aviez besoin de rendre croyable la patience de votre héroïne ; et quel autre moyen aviez-vous que de lui faire regarder les mauvais traitements de son époux comme venants de la main de Dieu ? Sans cela, on la prendrait pour la plus stu- pide de toutes les femmes, ce qui ne ferait pas assurément un bon effet.

— On blâme encore, leur dis-je, l'épisode du jeune seigneur qui épouse la jeune princesse.

— On a tort, reprit-il ; comme votre ouvrage est un véri- table poème, quoique vous lui donniez le titre de nouvelle, il faut qu'il n'y ait rien à désirer quand il finit. Cependant si la jeune princesse s'en retournait dans son convent sans être ma- riée après s'y être attendue, elle ne serait point contente ni ceux qui liraient la nouvelle. » Ensuite de cette conférence, j'ai pris le parti de laisser mon ouvrage tel à peu près qu'il a été lu dans l'Académie. En un mot, j'ai eu soin de corriger les choses qu'on m'a fait voir être mauvaises en elles-mêmes ; mais à l'égard de celles que j'ai trouvées n'avoir point d'autre défaut que de n'être pas au goût de quelques personnes peut-être un peu trop déli- cates, j'ai cru n'y devoir pas toucher. Est-ce une raison décisive D'ôter un bon mets d'un repas, Parce qu'il s'y trouve un Convive

Qui par malheur ne l'aime pas ? Il faut que tout le monde vive,

Et que les mets, pour plaire à tous, Soient différents comme les goûts.

Quoi qu'il en soit, j'ai cru devoir m'en remettre au public qui juge toujours bien. J'apprendrai de lui ce que j'en dois croire, et je suivrai exactement tous ses avis, s'il m'arrive jamais de faire une seconde édition de cet ouvrage.

CONTENIDOS